CW01374265

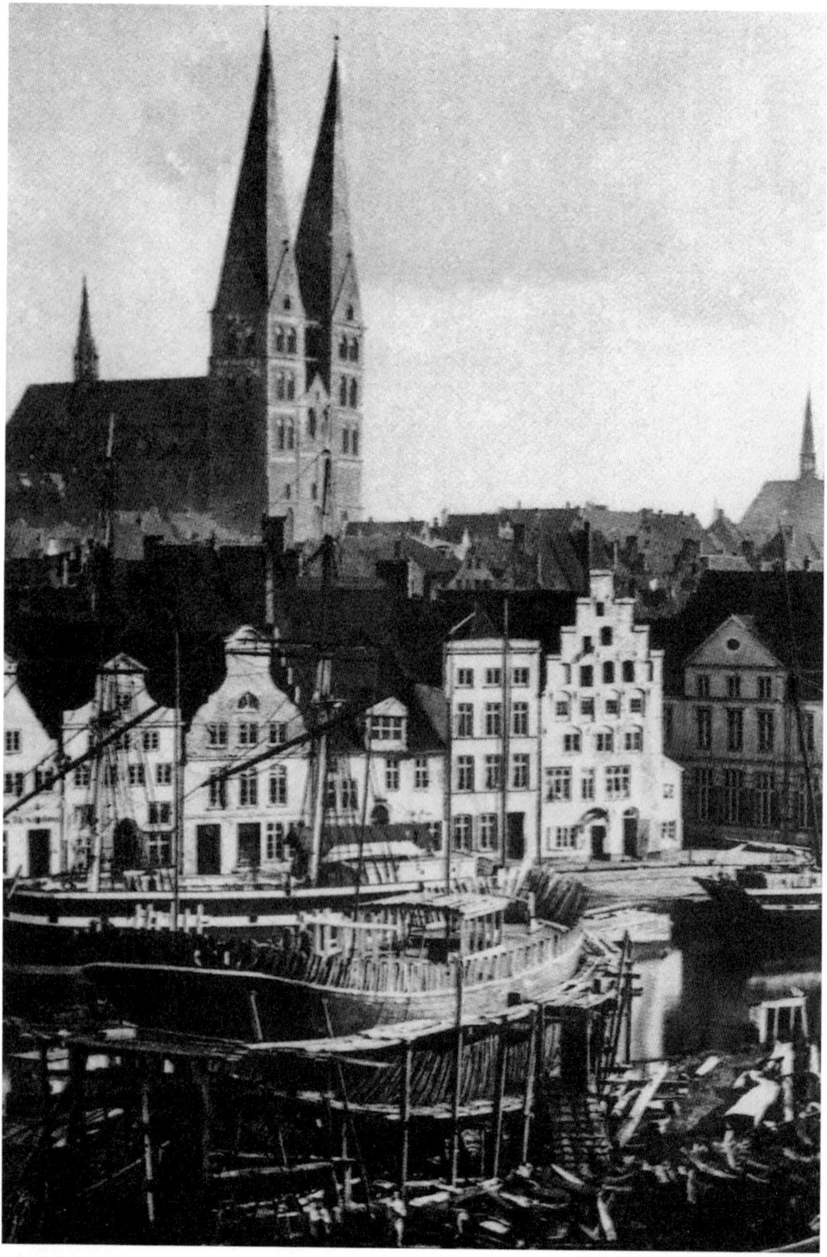

Hans Wißkirchen
Spaziergänge durch das Lübeck von Heinrich und Thomas Mann

**Unter Mitarbeit von
Klaus F. v. Sobbe**

Arche

Inhalt

Ein literarischer Blick auf Lübeck 5

Das Buddenbrookhaus 19

Erster Spaziergang
»In Lübeck ist ja alles
›in der Nähe‹ ...«
Breite Straße und Königstraße 39

Zweiter Spaziergang
»Dies alte Lübeck«
Marienkirche, Rathaus,
Häuser der Vorfahren 71

Dritter Spaziergang
»... ging durch das
alte untersetzte Tor ...«
Vom Lindenplatz
bis vor das Burgtor 99

Ein Ausflug
Nach »Travemünde,
dem Ferienparadies« 129

Quellen- und Zitatnachweis 146
Literaturverzeichnis 147
Bildnachweis/Bildquellen 149
Danksagung 150
Biographische Notiz 150
Personenregister 151
Orts- und Sachregister 153
Werkregister 155

Vordere Vorsatzseiten:
Marienkirche
Hintere Vorsatzseiten:
Buddenbrookhaus
Frontispiz: Lübeck um 1880.
Hafen mit Blick auf die Untertrave
und Marienkirche

© 1996 bei Arche Verlag AG,
Zürich–Hamburg
Alle Rechte vorbehalten
Layout: Q & V Team
Karten: Klaus F. v. Sobbe
Satz: KCS GmbH, Buchholz/Hamburg
Lithos: Hillebrandt, Hamburg
Druck und Bindung: Wilhelm Röck, Weinsberg
Printed in Germany
ISBN 3-7160-2210-1

Ein literarischer Blick auf Lübeck

Den vielen Besuchern, die jährlich aus aller Welt nach Lübeck kommen, gilt der Ort an der Trave als Inbegriff einer mittelalterlichen Stadt. Die Häuser und Kirchen aus rotem Backstein werden als steingewordenes Zeugnis der Epoche der Hanse gesehen, jener Zeit, als die Kaufmannsstadt Lübeck Zentrum dieses ganz Nordeuropa beherrschenden Städtebundes war. So bestaunt der Gast die Marienkirche direkt neben dem Rathaus als Symbol eines Stadtpatriziats, dessen Selbstbewußtsein so ausgeprägt war, daß man ein Gotteshaus errichtete, das den Dom um einige Meter überragen mußte, oder den prächtigen Profanbau der »Schiffergesellschaft« am Anfang der Breiten Straße, ein herausragendes Zeugnis für die Seefahrt, die die Grundlage des Handels bildete. Dieser Blick in die Vergangenheit, in das Mittelalter, die große Zeit Lübecks, hat sicher seine Berechtigung, und die Besonderheit Lübecks heutzutage hat hier zweifelsohne ihr Fundament. Aber am Ende des 20. Jahrhunderts drängt sich zunehmend eine weitere, bisher noch nicht genügend ins Bewußtsein der Lübeck-Besucher gerückte Sichtweise der alten Stadt auf: Es ist der von der Literatur geprägte Blick.

Dies hat seinen Grund zuerst und vor allem in der überragenden Bedeutung, die Heinrich und Thomas Mann, beide in Lübeck geboren, für literaturinteressierte Menschen aus aller Welt gewonnen haben. Thomas Mann ist nach Goethe der bekannteste deutsche Autor, und auch Heinrich Mann ist einer der großen Romanschriftsteller dieses Jahrhunderts in Deutschland.

Heinrich Mann (1871–1950) und Thomas Mann (1875–1955) haben in ihren Werken die Stadt zu einem Ort der Weltliteratur gemacht. Thomas Mann mit seinem nobelpreisgekrönten Erstlingsroman *Buddenbrooks* (1901) und Heinrich Mann mit *Professor Unrat* (1905) – um nur die beiden herausragenden Beispiele zu nennen – haben Lübeck als Handlungsort gewählt.

Dabei gilt es aber vor einer Gefahr zu warnen: Niemals nämlich ist das Verhältnis eines Schriftstellers zur Stadt, aus der er kommt, allein an den Äußerlichkeiten festzumachen. Natürlich sehen und beschreiben Heinrich und Thomas Mann viele der Häuser, Straßen, Schulen und Kirchen, die man heute noch fast unverändert in Lübeck sehen kann, aber sie tun mehr: Sie blicken hinter die Fassaden, sie verbinden mit dem Topographischen ihre Gefühle und Wünsche, ihre literarischen Phantasien. Im folgenden werden daher nicht nur die auf das Äußere bezogenen Beschreibungen Heinrich und Thomas Manns wiedergegeben, sondern auch die Stimmungen und Gefühle mitgeteilt, die oft-

Heinrich und Thomas Mann,
um 1900

mals daraus resultieren. Dies gilt besonders für den Spaziergang in Travemünde.
Ehe wir fragen, was für ein Lübeck es war, das die beiden mit ihrer Literatur geschaffen haben, sei ein kurzer Rückblick unternommen, der die Sicht des Fremden auf Lübeck in den Mittelpunkt stellt. An der Wende vom 18. zum 19. Jahrhundert kam das Reisen in Mode, begünstigt durch die sich verbessernden Verkehrsverhältnisse. Parallel dazu entwickelte sich damals eine eigene Literaturgattung, die Reiseliteratur. Ihr verdanken wir denn auch den ästhetisch-literarischen Blick auf Lübeck.
Dieser Blick wird im 19. Jahrhundert vor allem durch die im weitesten Sinne romantischen Dichter und Denker geprägt, die Lübeck als vollkommene Vergegenwärtigung der mittelalterlichen Lebensweise interpretieren. »Die Stadt ist ganz gothisch«, schreibt Wilhelm von Humboldt (1767–1835) im Jahre 1796, und diese Betrachtung steht am Anfang einer langen Reihe. Wenn Humboldt fortfährt: »Vorzüglich herrscht der Geschmack von vielen Fenstern und von Spiegelscheiben«, dann führt er ein zweites, immer wieder aufgegriffenes Bild in die literarische Betrachtung Lübecks ein, eben den besonderen Eindruck, den die Hausfenster auf den Betrachter machen.
Der junge Joseph Freiherr von Eichendorff (1788–1857), der Lübeck 1805 von Hamburg aus einen Besuch abstattete, preist »das alte gotische Rathaus und die Marienkirche«. Aber auch das gesamte Gemeinwesen nimmt er wahr. »Die Stadt Lübeck selbst trägt durchaus

Wilhelm von Humboldt, 1796. Marmorrelief von M. K. Klauer

Joseph Freiherr von Eichendorff, um 1800. Anonyme Miniatur

Hans Christian Andersen, 1835

Theodor Fontane, um 1860

das majestätische düstre Gepräge der Vorzeit«, lautet seine zusammenfassende Formel.

Als Stadt aus dem Märchen, die den Besucher in die Vergangenheit entführt, hat 1831 Hans Christian Andersen (1805–1875) Lübeck gesehen.

»Durch ein altes gewölbtes Tor mit dicken Mauern an den Seiten zogen wir nun in die freie Hansestadt Lübeck ein. Hier zwischen den spitzgiebligen Häu-

Blick von Nordwesten auf Lübeck, vor 1848. Stich von C. H. Hustede

sern, in engen Seitenstraßen und in der Erinnerung, die ein historisches Gewand über das Ganze wirft, glaubt man sich um Jahrhunderte in der Zeit zurückversetzt. Diese kantigen Gebäude, diese steinernen Helden auf dem Rathaus und die gemalten Bilder an den Glasfenstern der alten Kirche, an der wir vorüberkamen, sahen auch so aus, als Jürgen Wullenweber hier ein kräftiges Wort mitzureden hatte.«

Andersen faßt hier in ein Bild, was von nun an zum festen Bestandteil einer jeden Lübeck-Beschreibung werden sollte: die spitzen Giebel der Häuser, die engen Straßen und die Erinnerung an eine große Vergangenheit. Gleichzeitig wird deutlich, daß die Stadt als ein Gesamtkunstwerk empfunden wird. Es ist dieser Blick, der zweifelsohne auch die Lübeck-Notizen von Theodor Fontane (1819–1898) geprägt hat. Er notiert

1864: »Die Stadt hat allerdings noch einen gothisch-mittelalterlichen Charakter; selbst unter den neuen oder doch neu erscheinenden Häusern haben viele noch den Zackengiebel nach vorn. *Die Kirchen* sind alle aus Backstein, und ihre Thürme haben alle die Nadel (Zuckerhutsform); diese völlige Übereinstimmung, dies alles aus einem Guß sein macht einen sehr guten Eindruck. Es ist stylvoll.«
Auch Fontane führt eine weitere, für die Zukunft bedeutsame Metapher der Lübeck-Beschreibung ein, wenn er resümiert: »Man könnte Lübeck das spitzthürmige Lübeck nennen. Alle Kirchen haben den hohen spitzen Thurm, außerdem aber finden sich an Thoren, Portalen, Dächern vielfach (oft fast klein-minarettartig) ein schlankes Spitzthürmchen angebracht.« Kein geringerer als Thomas Mann hat dieses Bild etwa im *Tonio Kröger* (1903) wieder aufgegriffen.
Es gibt aber nicht nur dieses harmonische Bild der alten, verwinkelten Stadt, sondern auch eine andere, realistischere und kritischere Sehweise. Sie hat ihren Ursprung in der Literatur des Jungen Deutschland und des Vormärz, dem politisch-ästhetischen Gegenpart der Romantik. Hier ist der Blick schärfer, werden identische Beobachtungen gemacht, aber die Vergangenheit nicht verklärt, sondern ganz bewußt gegen die schlechtere Gegenwart gesetzt. Ernst Willkomm (1810–1886), ein Freund von Karl Gutzkow (1811–1871), schildert in seinen *Wanderungen an der Nord- und Ostsee* die Stadt so:
»Wer jetzt Lübeck betritt, den befällt ein wehmüthiges Gefühl, wie es uns in ähnlicher Weise bei einem Besuche Venedigs beschleicht. Die alten Mauern und Thürme, die wunderlichen Giebelhäuser mit ihren architektonischen Schnörkeln, welche herabsahen auf die großen Thaten der alten Lübecker, sie stehen noch in ihrer alten Pracht da, nur die große Zeit ist verschwunden, das Leben erloschen, die Thatkraft, der Unternehmungsgeist der jetzigen Bewohner nicht zu vergleichen mehr mit dem Geistesfluge ihrer großen Vorfahren.«
Es ist der Blick auf die Menschen, der bei dieser Sehweise dominiert, und es ist vor allem der Blick auf die einfachen Menschen, der sich in den Vordergrund schiebt. Damit gerät aber auch ein anderes Lübeck in das Blickfeld. Eduard Beurmann (1804–1883) bezeichnet die Straßen Lübecks als »krumm und winkelich« und richtet sein besonderes Augenmerk auf die »Keller« und die »kleinen, engen Gänge«, die unter und hinter den Fassaden zu finden sind. Eine Sicht der Stadt, die weniger die Steine als vielmehr bestimmte Menschentypen in den Blick nimmt, findet sich bei Franz Kafka (1883–1924). Ihm verdanken wir eine der seltsamsten Beschreibungen der Stadt. Kafka war im Juli 1914 zwei Nächte in Lübeck. Er kam aus Berlin, wo er gerade die Verlobung mit Felice Bauer (1887–1960) gelöst hatte, und wollte weiter nach Dänemark reisen. Kein Wort von den Kirchen, dem Holstentor oder anderen baulichen Besonderheiten findet sich in seinen Aufzeichnungen. Was ihm auffällt und notierenswert erscheint, sind einige Menschentypen, denen allen etwas Sonderbares eigen ist. »Mir gegen-

über beim Bier ein Buckliger und ein magerer blutleerer Mann, der raucht.« So faßt Kafka den ersten Abend im Hotelgarten zusammen. Und der Spaziergang auf den Wallanlagen mündet in der Bemerkung: »Trauriger verlassener Mann auf einer Bank.« Nicht nur von der Zeitgenossenschaft her schlägt Franz Kafka den Bogen zu Heinrich und Thomas Mann. Denn die beiden Lübeck-Sehweisen, die der kurze Rückblick in die Vergangenheit deutlich gemacht hat – die Stadt als ein mittelalterliches Kunstwerk und die markanten Besonderheiten seiner Bewohner –, genau sie finden sich auch bei den Brüdern Mann wieder. Thomas Mann hat es auf das Eindrucksvollste 1931 in der Rede zum 60. Geburtstag des Bruders Heinrich deutlich gemacht: »Dies alte Lübeck, lieber Bruder, in dem wir kleine Jungen waren, ist ein merkwürdiges Nest. Es ist, mit seiner pittoresken Silhouette, heute ja eine Mittelstadt wie eine andere, modern schlecht und recht, mit einem sozialdemokratischen Bürgermeister und einer kommunistischen Fraktion im Bürgerschaftsparlament – tolle Zustände, wenn man sie mit den Augen unserer Väter ansieht, aber durchaus normal. Ich will diese moderne Normalität nicht in Zweifel ziehen und keineswegs die bürgerliche Gesundheit unserer Herkunft verdächtigen. Ich bin froh, daß man mir die ›Buddenbrooks‹ dort verziehen hat, und vertraue, daß man dir eines Tages auch den ›Professor Unrat‹ verzeihen wird; jedenfalls wünsche ich keinen Anstoß zu erregen. Und doch, wenn ich sie mir so ansehe, diese Herkunft – und aus einem gewissen aristokratischen Interesse habe ich sie mir oft angesehen –, so scheint es mir um ihre bürgerliche Gesundheit eigentümlich suspekt zu stehen, nicht ganz geheuer, nicht ganz uninteressant. Es hockt in ihren gotischen Winkeln und schleicht durch ihre Giebelgassen etwas Spukhaftes, allzu Altes, Erblasthaftes – hysterisches Mittelalter, verjährte Nervenexzentrizität, etwas wie religiöse Seelenkrankheit –, man würde sich nicht übermäßig wundern, wenn dort, dem marxistischen Bürgermeister zum Trotz, noch heutigen Tages plötzlich der Sankt Veitstanz oder ein Kinderkreuzzug ausbräche – es wäre nicht stilwidrig. Unser Künstlertum, daß es ist und auch wie es ist – ich habe nie umhingekonnt, es auf irgendeine Weise mit diesem heimlich umgehenden und nicht ganz geheuren Stadtspuk in kausalen Zusammenhang zu bringen –, nicht nur mit ihm: es ist da noch die romanische Blutmischung, die gewiß ein übriges unter anderem übrigen getan hat, aber den Effekt kaum gezeitigt hätte, wäre sie nicht auf solches seelisches Altertum getroffen.«

Auch Heinrich Mann hat in der Rückschau die Bedeutung Lübecks für sein Werk genau erkannt. Er hebt vor allem die Vorbildrolle des Vaters heraus, der als Kaufmann und Senator entscheidend für das Gemeinwohl tätig gewesen war. »Als Knaben nahm er mich auf die Dörfer mit. Damals hoffte er noch, ich könnte ihm nachfolgen. Er ließ mich ein Schiff taufen, er stellte mich seinen Leuten vor. Das alles schlief ein, als ich zuviel las und die Häuser der Straße nicht hersagen konnte.«

Nicht viel anders ist es sicher beim Bruder Thomas gewesen. Aber gerade des-

halb sind beide zeitlebens davon angetrieben worden, es dem Vater auf ihre Art »recht zu machen«. Speziell das gewaltige Werk, das beide geschaffen haben, ist nicht zuletzt auf dem bürgerlichen Fleiß gegründet, der eine seiner Grundlagen in der Lübecker Bürgerlichkeit hat. So fließt dann auch bei Heinrich Mann die Beschreibung der Arbeit des Vaters als Senator und Firmenchef mit der Beschreibung der eigenen schriftstellerischen Arbeit zusammen:
»Unser Vater arbeitete mit derselben Gewissenhaftigkeit für sein Haus wie für das öffentliche Wohl. Weder das eine noch das andere würde er dem Ungefähr überlassen haben. Wer erhält und fortsetzt, hat nichts anderes so sehr zu fürchten wie das Ungefähr. Um aber erst zu gestalten, was dauern soll, muß einer pünktlich und genau sein. Es gibt kein Genie außerhalb der Geschäftsstunden.«

Bei der literarischen Darstellung der Heimat zeigen sich nun Unterschiede bei den Brüdern, die im folgenden in einem kurzen Exkurs generalisiert werden sollen, da sie für die nachfolgenden Schilderungen der Stadt von Bedeutung sind.

Bei Thomas Manns literarischer Auseinandersetzung mit seiner Heimatstadt Lübeck dominiert ein Verfahren der Realitätsaneignung, das immer zwei Ebenen kennt. Auf der ersten Ebene gibt er exakt das wieder, was er sieht. Für den heimischen Leser ist dies gleichbedeutend mit dem »Wie-es-gewesen-ist«. Die Originale der Stadt, die Winkel und Gassen Lübecks, all das findet sich in täuschend echter Nachahmung bei Thomas Mann. Es macht eine der Größen seiner Romankunst aus, daß nicht nur die *Buddenbrooks* diese erste realistische Ebene kennen und eine überzeugend motivierte Geschichte erzählen, sondern sich dies fortsetzt: in *Königliche Hoheit*, im *Zauberberg* und in den *Joseph*-Romanen – um nur einige Beispiele zu nennen. Es bleibt aber nicht bei dieser Aneignung des Äußerlichen, bei dieser ersten Ebene.

Thomas Mann gestaltet unter der Maske des Bekannten seine eigenen Probleme. »Nicht von euch ist die Rede, gar niemals, seid des nun getröstet, sondern von mir, von mir ...«, ruft er den Abbildungsfanatikern in *Bilse und Ich* (1906) zu, der Schrift, in der er sein Verhältnis zur Realität definiert hat.

Unter dem Bekannten nämlich tun sich bei genauem und gründlichem Lesen abenteuerliche Welten auf: die *Buddenbrooks* erweisen sich dann als ein entscheidend von Nietzsche und Schopenhauer beeinflußtes Kunstwerk. Die harmlose Prinzengeschichte der *Königlichen Hoheit* offenbart dann Abgründe von dionysischen Ausmaßen. Es sind diese Abenteuer, diese unter der Oberfläche sich auftuenden poetischen Welten in den feinsten Verästelungen der Werke, die eine der wesentlichen Qualitäten der Kunst Thomas Manns ausmachen. Hier gibt es immer noch Neues zu entdecken, öffnen sich immer neue Zauberberge dem neugierigen und intensiven Leser. Bei alledem gilt aber: Auch wenn Thomas Manns epische Gebilde viele Welten kennen, nehmen sie ihren Ausgang alle in der ersten, in unserem Fall in Lübeck.

Heinrich Mann geht mit der vorgefundenen Wirklichkeit völlig anders um. Wo Thomas Mann korrekt abbildet, verfremdet Heinrich Mann ganz offensichtlich. Die Suche nach dem genau beschriebenen Gebäude oder Straßenzug ist bei ihm viel schwieriger. Wir werden auf unseren Spaziergängen sehen, wie er etwa durch bestimmte Namensgebungen bewußt das seiner Schilderung zugrundeliegende Lübeck unkenntlich zu machen versucht hat. Das liegt an der anderen ästhetischen Zielsetzung. In *Professor Unrat* etwa forciert Heinrich Mann das Beobachtete derart, treibt die vorgefundenen Realitätsabläufe so radikal auf die Spitze, daß sie in den Augen des Lesers ad absurdum geführt werden sollen. So schildert er zwar das Leben in Lübeck, aber als Satire, die ja von der Überzeichnung der Realität lebt. Dennoch lassen sich auch in seinem Werk Spuren Lübecks finden, und es macht unter anderem den Reiz der nachfolgenden Spaziergänge aus, die Sehweisen der Brüder Mann miteinander vergleichen zu können.

Heinrich und Thomas Mann und ihre Heimatstadt Lübeck: Beide verbrachten ihre Jugend hier, beide besuchten das Katharineum, »die altehrwürdige Anstalt«, wie Thomas Mann sie nannte. Noch heute steht die Schule unverändert in der Königstraße und ist eine der Fixpunkte für die literarischen Spaziergänge durch Lübeck. Beide verließen die Stadt in jungen Jahren. Heinrich am Ende der Obersekunda, 1889; er ging nach Dresden in eine Buchhandelslehre. Thomas 1894, als er schließlich den Realschulabschluß geschafft hatte. Die übrige Familie wohnte zu dieser Zeit schon nicht mehr in Lübeck. Der Vater war 1891 mit 51 Jahren gestorben, und die Mutter hatte mit den beiden Töchtern Julia (1877–1927) und Carla (1881–1910) und dem kleinen Sohn Viktor (1890–1949) nur gut ein Jahr später die Hansestadt in Richtung München verlassen.

Heinrich Mann kehrte nach dem Tod des Vaters nur noch einmal, 1893, nach Lübeck zurück, Thomas Mann insgesamt vierzehnmal. Darunter waren repräsentative Anlässe wie die Feier zur siebenhundertjährigen Reichsfreiheit Lübecks im Jahre 1926, in der er sein Verhältnis zur Herkunft in der berühmten Rede *Lübeck als geistige Lebensform* zusammenfaßte.

Für das vorliegende Buch ist aber etwas anderes noch bedeutsamer. Es ist keine Übertreibung, wenn man feststellt, daß nur wenige Städte in so ausgeprägter Form der Schauplatz für große Literatur gewesen sind wie Lübeck. Auch dabei spielt wieder die besondere Stadtgeschichte eine wichtige Rolle.

Lübeck und die Literatur der Brüder Mann – das ist eine auf ganz engen Raum konzentrierte Beziehung. Zwischen Holstentor und Hüxterdamm sowie zwischen Burgtor und Mühlenbrücke, auf einer Fläche von ca. einem mal zwei Kilometer, spielte sich das städtische Leben Lübecks von der Hochzeit der Hanse bis zur Mitte des 19. Jahrhunderts ab. Im 14. Jahrhundert wohnten hier ungefähr 20 000 Menschen – nach Köln war Lübeck damals die größte deutsche Stadt –, und gegen Ende des vorigen Jahrhunderts, zu Zeiten Heinrich und Thomas Manns, waren es nicht mehr als 35 000

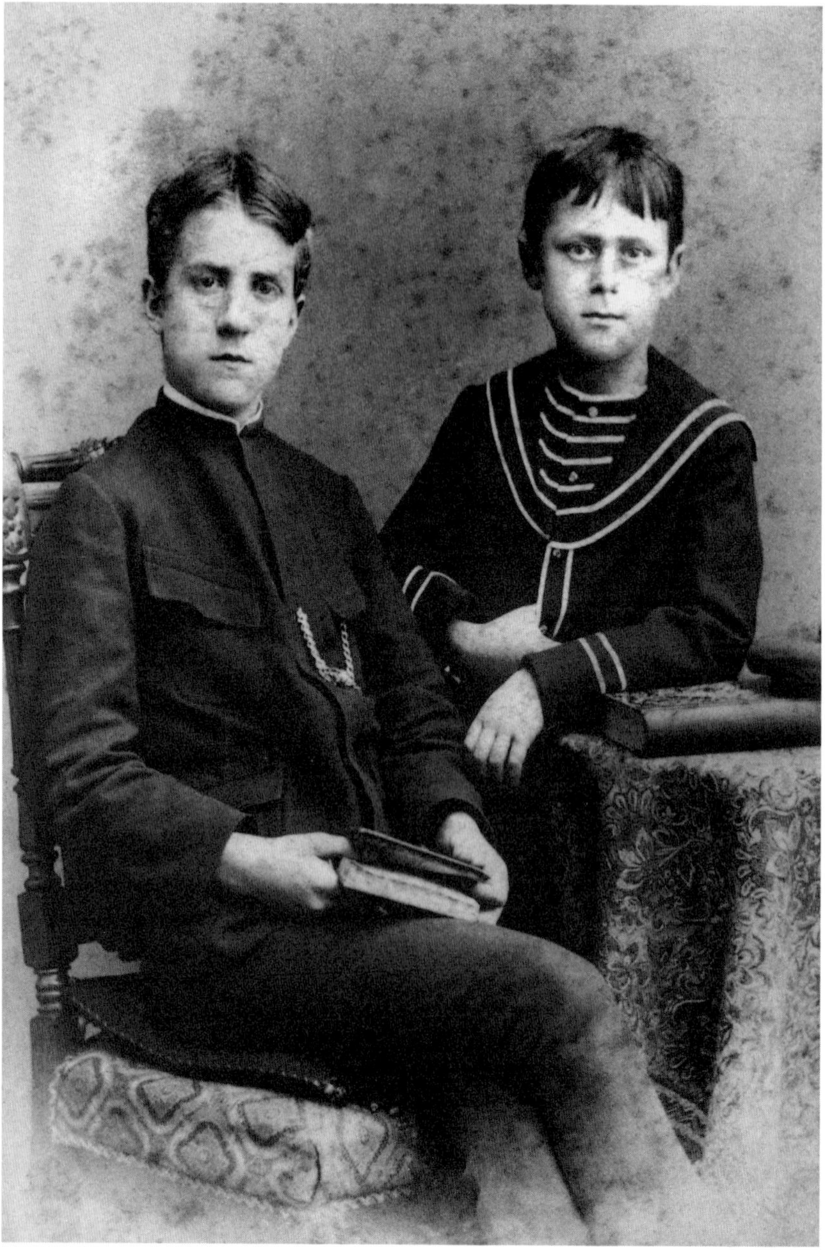

Bewohner. Auch der Wechsel von Wohnungen der Familie Mann verweist auf die Überschaubarkeit des unmittelbaren Lebensumfelds. Die verschiedenen Häuser lagen oft nur wenige Meter auseinander. Es ist dieser Bereich, den Heinrich und Thomas Mann in ihren Werken vorrangig beschrieben haben. Auch heute noch ist das kulturelle Leben Lübecks auf einen ähnlich kompakten Bezirk konzentriert. Alle Museen, die Bibliothek, das Archiv, das Theater und die Kinos, all dies ist hier auf engstem Raum beieinander.
Das bietet dem literarischen Flaneur eine große Chance. Natürlich haben sich Veränderungen im Stadtbild vollzogen. Zwei Weltkriege und die Modernisierungssucht des Menschen haben ihre Spuren hinterlassen. Aber dennoch gilt: Lübecks historische Altstadt bietet immer noch eines der faszinierendsten Ensembles einer mittelalterlichen Stadt. Aus diesem Grund hat die UNESCO 1987 auch den größten Teil der historischen Kernzone in die Liste des Weltkulturerbes der Menschheit aufgenommen. In diesem historischen Bereich kann auf überschaubaren Spaziergängen eine erstaunlich dicht aneinandergereihte Kette von literarischen und kulturellen Orten besichtigt werden.
Wir schlagen drei Spaziergänge durch die Innenstadt Lübecks vor. *Die beiden ersten Spaziergänge* dauern jeweils eine gute Stunde und können problemlos zu einem größeren Gang verknüpft werden. Genaue Hinweise finden sich

Heinrich und Thomas Mann, 1885

nachfolgend an der entsprechenden Stelle. Der *dritte Spaziergang* ist ein wenig länger, für ihn sollten knapp zwei Stunden reserviert werden. Es bietet sich an, die drei Spazierwege auf zwei Tage zu verteilen. Den ersten und zweiten kann man an einem Tag machen. Den dritten sollte man am darauffolgenden Tag mit einem ausführlichen Besuch im Buddenbrookhaus verbinden.
Für den *Ausflug* sollte man einen ganzen Tag reservieren. Er führt uns nach Travemünde. Das Ostseebad gehört zwar zu Lübeck, ist aber 15 Kilometer entfernt. Wir folgen hier den Spuren Heinrich und Thomas Manns, die an der See jedes Jahr ihre Sommerferien verbracht haben. Nur wer auch heute noch einen Spaziergang an der Ostsee in aller Ruhe macht, der kann etwas von der Erfahrung erahnen, die Thomas Mann von den »unzweifelhaft schönsten Tagen meines Lebens« hat reden lassen, wenn er auf das Meer in Travemünde zu sprechen kommt.
Alle drei Spaziergänge enden am Buddenbrookhaus in der Mengstraße 4, zwei beginnen dort. Hier ist heute das Heinrich-und-Thomas-Mann-Zentrum beheimatet mit seiner Dauerausstellung zu Leben und Werk der Brüder Mann. Lübecks große literarische Tradition kristallisiert sich hauptsächlich an diesem Ort, dem Stammsitz der Familie Mann. Ein Gang durch die Geschichte des Buddenbrookhauses und seine heutigen Räumlichkeiten ist daher den Spaziergängen vorgeordnet. Zudem liegt das Buddenbrookhaus fast in dem geographischen Mittelpunkt Lübecks und gibt damit auch aufgrund

seiner Lage den idealen Ausgangspunkt für die literarische Erkundung der Stadt ab.

Natürlich stehen Heinrich und Thomas Mann im Mittelpunkt der folgenden Spaziergänge, aber sie sollen und dürfen nicht den Blick auf andere literarische Spuren in Lübeck verstellen. Wo immer möglich, wird auch auf andere Schriftstellerinnen und Schriftsteller hingewiesen, etwa auf Emanuel Geibel, Theodor Storm, Franziska Gräfin zu Reventlow, Erich Mühsam und Ida Boy-Ed, um nur die wichtigsten zu nennen, die Spuren in Lübeck hinterlassen haben.

Wir beschränken uns bei den literarischen Spaziergängen auf den Zeitraum vom Beginn des 19. bis zur Mitte des 20. Jahrhunderts, jene Zeit, die Heinrich und Thomas Mann prägte und in ihrem Werk erzählend vergegenwärtigt worden ist. Selbstverständlich sind Grenzüberschreitungen in das Gebiet der anderen Künste, wie etwa der in Lübeck so wichtigen Musik (Dietrich Buxtehude und Hugo Distler) und auch der bildenden Kunst (Bernt Notke und Johann Friedrich Overbeck).

Zum Schluß noch ein Wort zur Anlage des Buches. Wo immer möglich, kommen Heinrich und Thomas Mann selbst zu Wort, werden die Orte und Empfindungen mit Zitaten aus ihren Werken beschrieben. Daneben stehen viele historische Fotos. Auf diese Weise soll das alte Lübeck auch dort deutlich werden, wo es sich heute in der Realität nicht mehr findet. Kommentare und Erläuterungen wurden bewußt knapp gehalten, um Raum zu schaffen für das Zentrum des Buches: den literarischen Blick auf Lübeck.

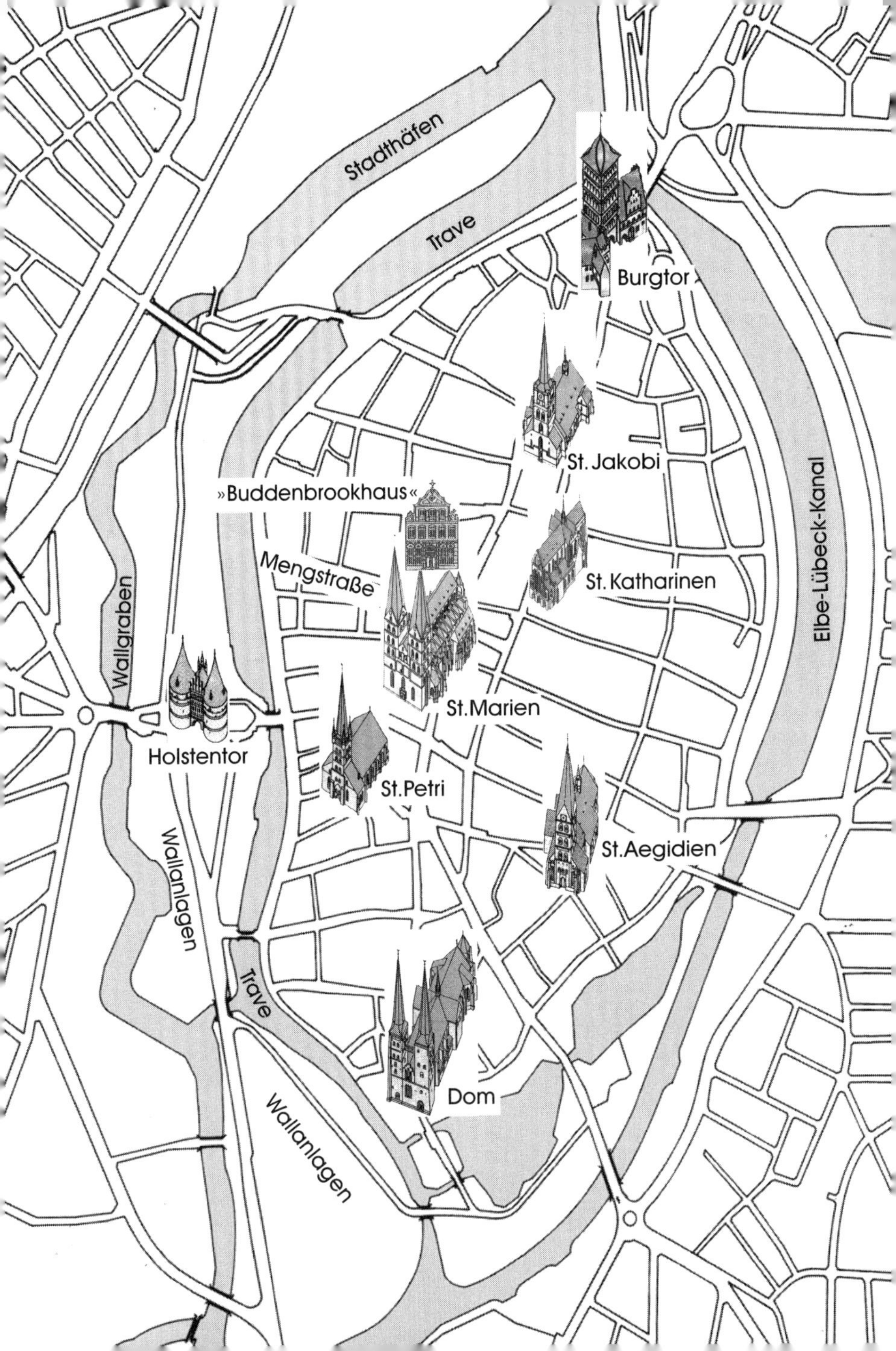

Stadthäfen
Trave
Burgtor
St. Jakobi
»Buddenbrookhaus«
Mengstraße
St. Katharinen
Elbe-Lübeck-Kanal
Wallgraben
Holstentor
St. Marien
St. Petri
St. Aegidien
Wallanlagen
Trave
Dom
Wallanlagen

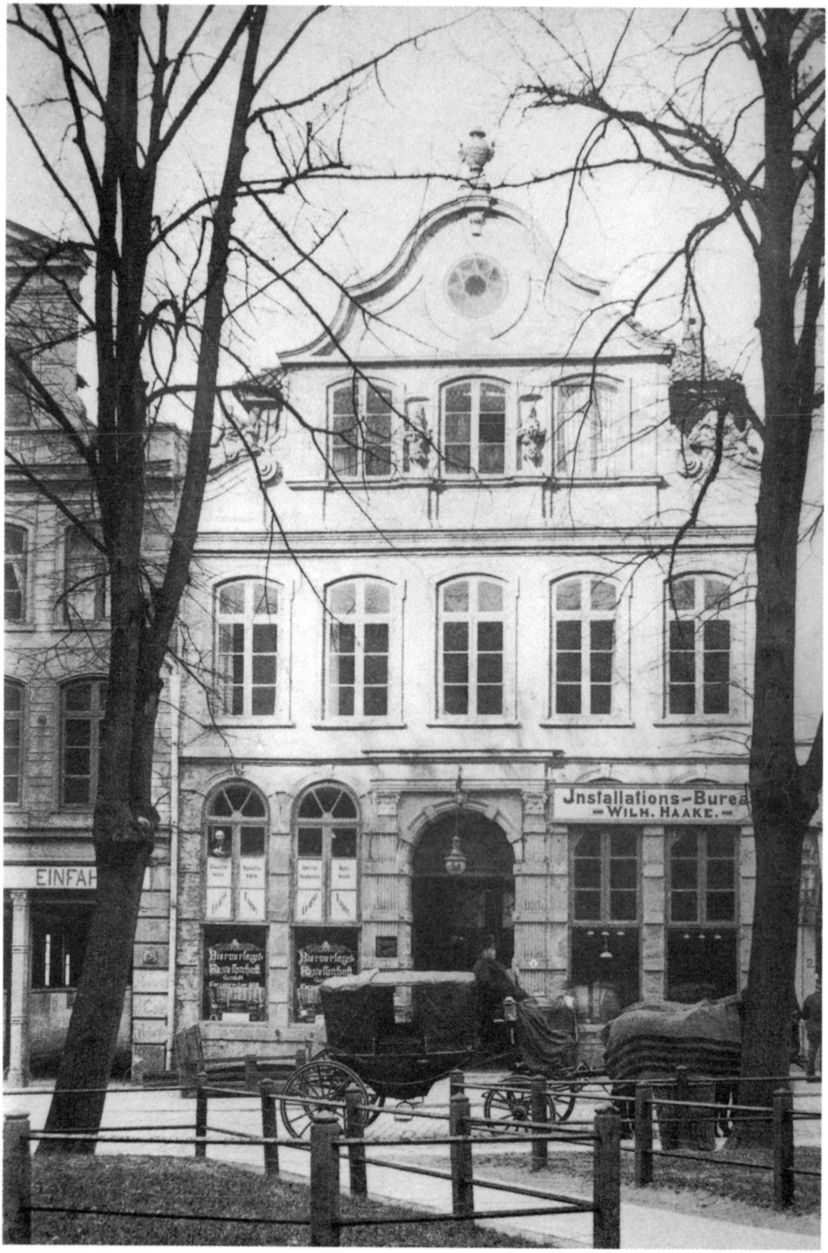

Jnstallations-Bureau
WILH. HAAKE.
EINFAH

Das Buddenbrookhaus

Die Geschichte
Es war Gottfried Benn (1886–1956), der als ein aller Herkunftsromantik Fernstehender (»Herkunft, Lebenslauf – Unsinn! Aus Jüterborg oder Königsberg stammen die meisten, und in irgendeinem Schwarzwald endet man seit je«) die zentrale Bedeutung des Buddenbrookhauses für Lübeck zum Ausdruck gebracht hat. An den Freund Oelze schreibt er im August 1936:
»Sah mir gestern Lübeck an, das ich nicht kannte. Stand nicht ohne Rührung (u. mehr) vor dem Haus der Manns. Diese Stadt, reizvoll gewiss, wäre für dieses Jahrhundert wohl ohne jede Bedeutung, wenn nicht dies Ereignis dort stattgefunden hätte.«
Man muß nicht so radikal denken wie Benn, aber es ist keine Übertreibung, wenn man feststellt, daß die literarische Bedeutung Lübecks hier, in der Mengstraße 4, ihren zentralen Punkt hat. Fragen wir nun, was genau unter »dem Ereignis«, von dem Benn spricht, zu verstehen ist.
Seine Aura erhält das Haus dadurch, daß es in die Weltliteratur eingegangen ist, indem es den Schauplatz für den Roman *Buddenbrooks* bildet. Die sich über vier Generationen hinziehende Geschichte der Roman-Familie Buddenbrook, die in vielen, aber lange nicht in allen Details der Geschichte der Familie Mann gleicht, spielte sich zu großen Teilen hinter der heute noch stehenden spätbarocken Fassade ab. Es nimmt von daher nicht wunder, daß Thomas Mann oft an die Verknüpfung von Mengstraße 4 und Literatur denkt, wenn er über die Heimat spricht:
»Ich habe zu Ehren meiner Vaterstadt und meiner Familie auf meine Art ebensoviel getan, wie mein Vater, der viel-

Die »Volksausgabe« von 1903

Lübeck, Mengstraße 4:
Das berühmte Buddenbrookhaus,
das Haus der Familie Mann, 1907

leicht in Lübeck noch nicht vergessen ist, auf seine Art getan hat. Ich habe in hunderttausend Deutschen Teilnahme für lübeckisches Leben und Wesen geweckt, ich habe die Augen von hunderttausend Menschen auf das alte Giebelhaus in der Mengstraße gelenkt, habe gemacht, daß hunderttausend Menschen es als eine interessante Lebenserinnerung betrachten würden, wenn sie Gelegenheit hätten, die Urbilder der in meinem Buche wandelnden Gestalten persönlich kennenzulernen, und es ist gar nicht ausgeschlossen, daß man in Deutschland an diesen Gestalten noch seine Freude haben wird zu einer Zeit, wenn wir alle, die Urbilder und ich selbst, längst nicht mehr zu den Lebenden gehören.«
Wir Nachgeborenen wissen heute, daß Thomas Mann mit seinem Blick in die Zukunft – seine Bemerkung stammt aus dem Jahr 1905 – recht behalten hat. Und manch einer der Besucher, der in der Gegenwart vor der Fassade des Buddenbrookhauses steht, mag sich in Gedanken in die Welt des Romans zurückversetzt fühlen. Vielleicht steigt dann sogar ein Bild wie das folgende vor dem geistigen Auge des Betrachters auf: »Konsul Buddenbrook stand, die Hände in den Taschen seines hellen Beinkleides vergraben, in seinem Tuchrock ein wenig fröstelnd, ein paar Schritte vor der Haustür und lauschte den Schritten, die in den menschenleeren, nassen und mattbeleuchteten Straßen verhallten. Dann wandte er sich und blickte an der grauen Giebelfassade des Hauses empor. Seine Augen verweilten auf dem Spruch, der überm Eingang in altertümlichen Lettern gemeißelt stand:

›Dominus providebit.‹ Während er den Kopf ein wenig senkte, trat er ein und verschloß sorgfältig die schwerfällig knarrende Haustür. Dann ließ er die Windfangtüre ins Schloß schnappen und schritt langsam über die hallende Diele.«
Aber nicht nur bei Thomas Mann hat das Buddenbrookhaus literarische Gestalt gewonnen, sondern auch im Werk Heinrich Manns, besonders im Alter, als er in Kalifornien einsam und ohne seine deutsche Leserschaft leben und arbeiten mußte. »Ohne Vorsatz und kaum daß ich weiß warum, habe ich plötzlich angefangen Buddenbrooks zu lesen.« Dies schreibt er 1942 an den Bruder Thomas, und die Erinnerung an die Heimat sowie die abermalige Lektüre haben dann Spuren in seinem letzten Roman *Empfang bei der Welt* hinterlassen. So steht am äußersten Ende von Leben und Werk ein von Melancholie, Wehmut und ein wenig surrealistischer Verfremdung gezeichneter Blick auf das Haus der Jugend: »Sie trafen zu Fuß ein. Die vereinsamte Straße hatte einst Bedeutung, vielleicht auch mehr Licht gehabt. Durch die Vorderseite des Hauses war nicht immer der zackige Riß verlaufen. Die geschlossene Tür und ihr Klopfer, eine kupferne Hand, blieben sich gleich. [...] Das Dachgeschoß überschattete das mittlere; weiter unten blinkten lang und breit die Spiegelscheiben des herrschaftlichen Stockwerks. Tiefer als der

Die älteste Aufnahme des Buddenbrookhauses, um 1870

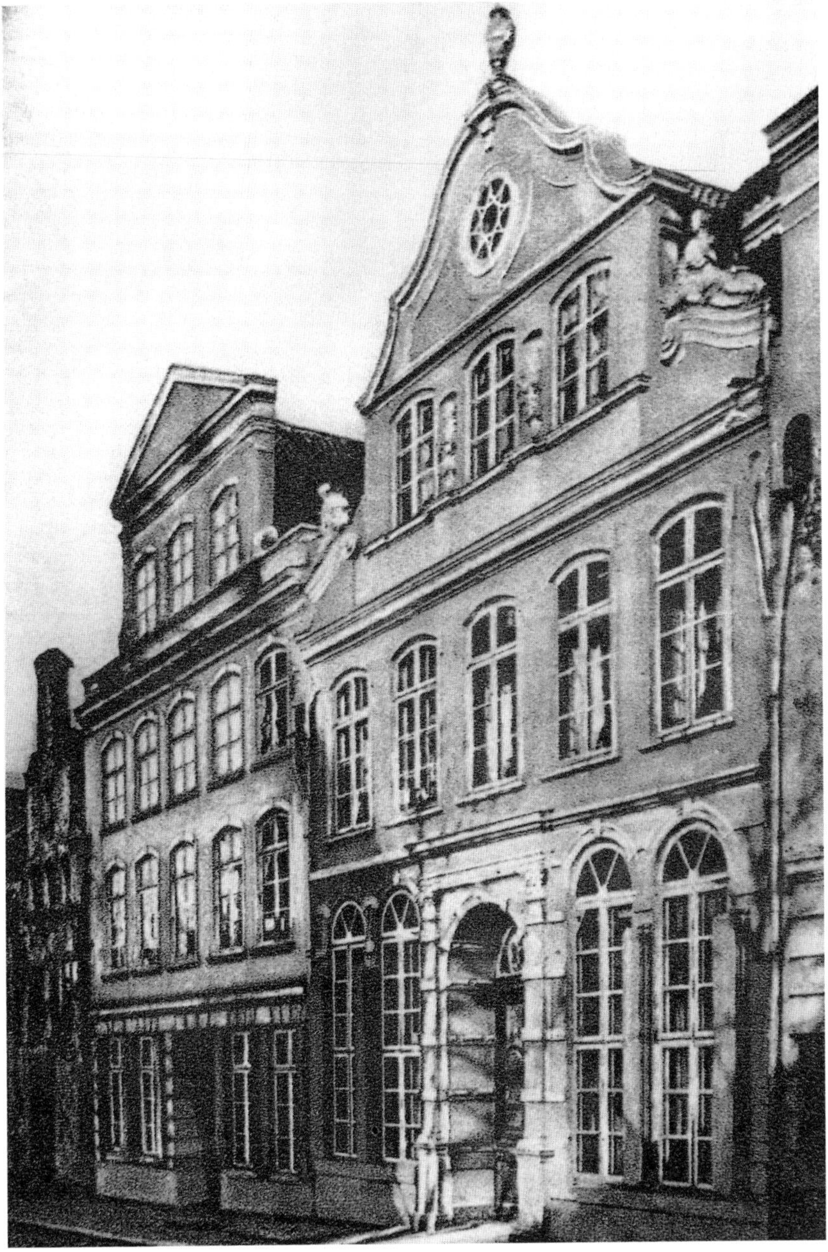

»Die Zeit«: mythologische Figur, links auf dem Giebel des Buddenbrookhauses

Gehsteig lagen Kellerluken, bedeckt vielleicht mit Eisen und jedenfalls mit Staub.«

Die Geschichte des Hauses in der Mengstraße 4 reicht weiter zurück als bis zu den Anfängen der *Buddenbrooks*. Gebaut wurde das Anwesen 1758 von Johann Michael Croll. Dieser ließ freilich ein Haus abreißen und auf den alten Gewölbekeller ein neues Anwesen errichten, so daß Teile des Hauses wahrscheinlich noch aus dem 17. Jahrhundert datieren. Der aus Marburg stammende Kaufmann hatte sich in Lübeck niedergelassen und hier seinen Firmensitz eingerichtet. Sein Sohn setzte die Tradition der Firma fort. Der Enkel, Johannes Croll, verbrachte seine ersten Berufsjahre außerhalb Lübecks und kehrte erst 1824 in seine Heimatstadt zurück. Er wurde ein erfolgreicher Geschäftsmann und bekleidete wichtige Ämter in Lübeck. Aufgrund seiner schwächlichen Gesundheit zog er sich 1842 aus dem öffentlichen Leben zurück und verkaufte das Haus in der Mengstraße an den Mann seiner Nichte Elisabeth, geb. Marty, Johann Siegmund Mann d. J., den Großvater von Heinrich und Thomas Mann.

Wie sah das Haus damals aus? Wir fragen nach der Zeit zwischen 1842 und 1890, als die Familie Mann es bewohnte und später auch Heinrich und Thomas Mann oft zu Besuch bei der Großmutter waren.

Die Fassade bot sich auch im 19. Jahrhundert so dar wie dem heutigen Betrachter. Sie zeigt sich in einer Mischform. Der untere Bereich gehört zur

Renaissance (Portal). Der Umbau im Jahre 1758 geschah in der Zeit des Übergangs vom norddeutschen Spätbarock zum Rokoko. Der Giebel und die beiden mythologischen Figuren (die »Zeit« mit einer Uhr, die nach altem Brauch nur einen Stundenzeiger aufweist, und der »Wohlstand«, deutlich gemacht durch ein Füllhorn) weisen deutlich darauf hin. Mit Hilfe von Mauerankern, die am unverputzten Nachbarhaus deutlich zu sehen sind, befestigte man die Fassaden am Haus.

Das langgestreckte, nur rund 12 Meter breite Grundstück erstreckte sich von der Mengstraßenfront bis hin zur Beckergrube. Vom Eingang in das etwa 27 Meter tiefe Hauptgebäude gelangte man durch einen Windfang auf die hohe, fast 16 Meter tiefe und die gesamte Breite des Hauses einnehmende Diele. An das Haupthaus schlossen sich ein Seitenflügel und zwei weitere Hintergebäude an.

An mehreren Stellen der *Buddenbrooks* kommt Thomas Mann auf die Einzelheiten im Inneren des Hauses zu sprechen. Nach dem großen Essen am Donnerstag, mit dem der Roman beginnt, machen sich die eingeladenen Herren

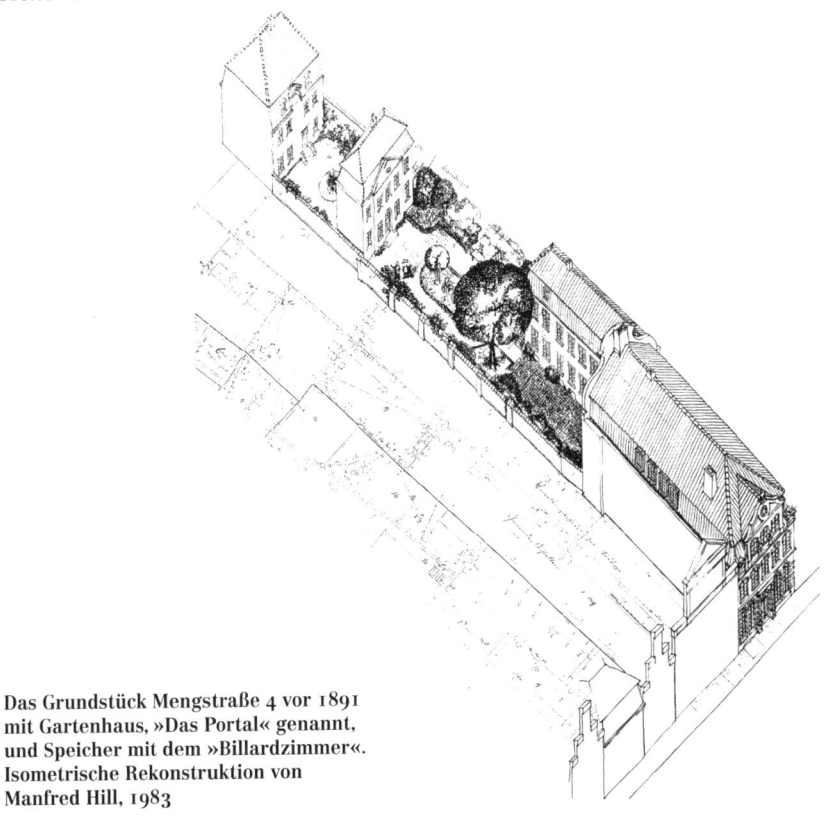

Das Grundstück Mengstraße 4 vor 1891 mit Gartenhaus, »Das Portal« genannt, und Speicher mit dem »Billardzimmer«. Isometrische Rekonstruktion von Manfred Hill, 1983

auf den Weg in das Hinterhaus, um eine Partie Billard zu spielen. Sie durchqueren dabei große Teile des Erdgeschosses.

»Senator Langhals fragte: ›Da oben wohnst du also, Buddenbrook?‹
Rechts führte die Treppe in den zweiten Stock hinauf, wo die Schlafzimmer des Konsuls und seiner Familie lagen; aber auch an der linken Seite des Vorplatzes befand sich noch eine Reihe von Räumen. Die Herren schritten rauchend die breite Treppe mit dem weißlackierten, durchbrochenen Holzgeländer hinunter. Auf dem Absatz blieb der Konsul stehen.

›Dies Zwischengeschoß ist noch drei Zimmer tief‹, erklärte er; ›das Frühstückszimmer, das Schlafzimmer meiner Eltern und ein wenig benutzter Raum nach dem Garten hinaus; ein schmaler Gang läuft als Korridor nebenher ... Aber vorwärts! – Ja, sehen Sie, die Diele wird von einem Transportwagen passiert, sie fahren dann durch das ganze Grundstück bis zur Beckergrube.‹

Die weite, hallende Diele, drunten, war mit großen viereckigen Steinfliesen gepflastert. Bei der Windfangtüre sowohl wie am anderen Ende lagen Kontorräumlichkeiten, während die Küche, aus der noch immer der säuerliche Geruch der Schalottensauce hervordrang, mit dem Weg zu den Kellern links von der Treppe lag. Ihr gegenüber, in beträchtlicher Höhe, sprangen seltsame, plumpe, aber reinlich lackierte Holzgelasse aus der Wand hervor: die Mädchenkammern, die nur durch eine Art freiliegender, gerader Stiege von der Diele aus zu erreichen waren. Ein Paar ungeheuer alter Schränke und eine geschnitzte Truhe standen daneben.«

Rechts und links von der heute noch vorhandenen Eingangstür befanden sich also die Kontore, eben die Büroräume der Firma »Johann Siegmund Mann«. Die gesamte Diele besaß die Höhe des heutigen Foyers und war mit Gotlandplatten ausgelegt, wie sie gegenwärtig auch zu finden sind. Über die repräsentativen Räumlichkeiten und die Atmosphäre, in der die Familie damals im Mengstraßen-Haus lebte, unterrichtet ebenfalls der Roman:

»Man saß im ›Landschaftszimmer‹, im ersten Stockwerk des weitläufigen alten Hauses in der Mengstraße, das die Firma ›Johann Buddenbrook‹ vor einiger Zeit käuflich erworben hatte und das die Familie noch nicht lange bewohnte. Die starken und elastischen Tapeten, die von den Mauern durch einen leeren Raum getrennt waren, zeigten umfangreiche Landschaften, zartfarbig wie der dünne Teppich, der den Fußboden bedeckte, Idylle im Geschmack des achtzehnten Jahrhunderts, mit fröhlichen Winzern, emsigen Ackersleuten, nett bebänderten Schäferinnen, die reinliche Lämmer am Rande spiegelnden Wassers im Schoße hielten oder sich mit zärtlichen Schäfern küßten ... Ein gelblicher Sonnenuntergang herrschte meistens auf diesen Bildern, mit dem der gelbe Überzug der weißlackierten Möbel und die gelbseidenen Gardinen vor den beiden Fenstern übereinstimmten. Im Verhältnis zur Größe des Zimmers waren die Möbel nicht zahlreich. Der runde Tisch mit den dünnen, geraden und leicht mit Gold ornamentierten Beinen stand nicht vor dem Sofa, sondern an der entgegengesetzten Wand, dem kleinen Harmonium gegenüber, auf dessen Deckel ein Flötenbehälter lag. Außer den regelmäßig an den Wänden verteilten, steifen Armstühlen gab es nur noch einen kleinen Nähtisch am Fenster und, dem Sofa gegenüber, einen zerbrechlichen Luxus-Sekretär, bedeckt mit Nippes.

Durch eine Glastür, den Fenstern gegenüber, blickte man in das Halbdunkel einer Säulenhalle hinaus, während sich linker Hand vom Eintretenden die hohe, weiße Flügeltür zum Speisesaale befand. An der anderen Wand aber knisterte, in einer halbkreisförmigen Nische und hinter einer kunstvoll durchbrochenen Tür aus blankem Schmiedeeisen, der Ofen.

Denn es war frühzeitig kalt geworden. Draußen, jenseits der Straße, war schon jetzt, um die Mitte des Oktobers, das Laub der kleinen Linden vergilbt, die den Marienkirchhof umstanden, um die mächtigen gotischen Ecken und Winkel der Kirche pfiff der Wind, und ein feiner, kalter Regen ging hernieder. Madame Buddenbrook, der Älteren, zuliebe hatte man die doppelten Fenster schon eingesetzt.«

Johann Siegmund Manns Geschäft in der Mengstraße wuchs stetig und par-

Das »Landschaftszimmer« im ersten Stock

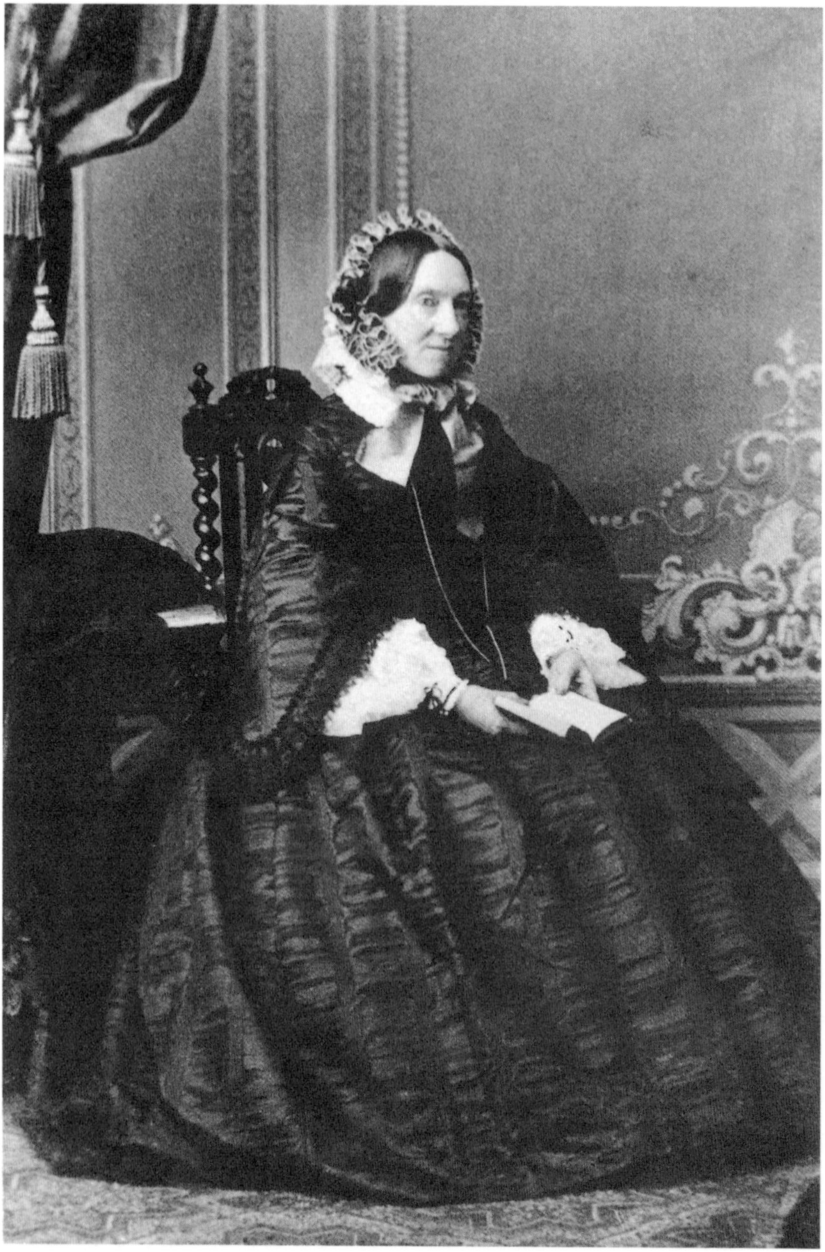

allel dazu sein Ansehen in der Stadt. 1848 wurde er in die Bürgerschaft, das höchste parlamentarische Gremium der Stadt, gewählt, und schon 1845 war er Kgl. Niederländischer Konsul geworden. Aufgrund seiner angegriffenen Gesundheit übergab er am 13. Dezember 1862 seinem Sohn Thomas Johann Heinrich, dem Vater von Heinrich und Thomas Mann, die Firma. Als Teilhaber trat der erfahrene Prokurist Georg Thorban in das Geschäft ein. Schon in den letzten Jahren ständig krank, wurde der Konsul im letzten Jahr vor seinem Tod von der Tochter Elisabeth in der Mengstraße 4 gepflegt. Ihre Geschichte ist im Roman in der Figur der Tony Buddenbrook dargestellt. Johann Siegmund Mann starb am 1. Februar 1863 an Lungentuberkulose.

Die Einheit von Geschäft und Privathaus war freilich schon vorher beendet worden. Thomas Johann Heinrich Mann war nach seiner Heirat mit Julia da Silva-Bruhns aus dem Elternhaus ausgezogen. Die Familie kam freilich sehr oft noch hier zusammen, besonders das Weihnachtsfest in der Mengstraße 4 war eine feststehende Einrichtung.

Die Großmutter von Heinrich und Thomas Mann, die »Konsulin« Elisa-

Links: Die »Konsulin« Elisabeth Mann, die Großmutter von Heinrich und Thomas Mann, um 1863. – Unten: Speisesaal, genannt das »Götterzimmer«

Die Buddenbrook-Buchhandlung in der Diele der Mengstraße 4 in den zwanziger Jahren

beth Mann, geb. Marty, lebte noch bis zum 6. Dezember 1890. Das Geschäft war schon 1883, als Senator Thomas Johann Heinrich Mann in das neuerbaute Haus in der Beckergrube 52 eingezogen war, dorthin verlegt worden. Nach dem Tode der Konsulin war also kein Bedarf mehr für das Mengstraßen-Haus. 1891 kam der Verkauf des nachmaligen Buddenbrookhauses an die Versicherungsfirma Bildemann & Deeke zustande. Es stellt wohl eine Ironie des Schicksals dar, daß der Kauf acht Tage, bevor der Senator Mann starb, urkundlich beeidet wurde.
Nach 1893 erwarb die Hansestadt Lübeck das Gebäude und vermietete es in der Folgezeit. So beherbergte das Haus unter anderem das Katasteramt, eine Volkslesehalle, die Geschäftsstelle der Lübeckischen Staatslotterie sowie einen Damen-Frisiersalon. 1922 wurde mit der Gründung der »Buddenbrook-Buchhandlung« der Versuch unternommen, das Haus wieder der Literatur zu öffnen. Trotz großer Bemühungen – man veranstaltete Autorenlesungen, und Thomas Mann war zur Eröffnung anwesend – mußte das Geschäft 1929 schließen.
Thomas Mann hat das Buddenbrookhaus vorher nur noch einmal besucht, und zwar 1899, als er auf einer Reise nach Dänemark war. Er plante damals schon *Tonio Kröger*, und die Episode findet sich dann auch in der Erzählung, die 1903 erschien. Interessant ist hierbei, wie er die Veränderungen, die sich seit der Buddenbrook-Zeit vollzogen haben, registriert, aber auch die Konti-

nuitäten beschreibt. Bestimmte Textpassagen sind mit dem *Buddenbrook*-Text identisch. Über den Helden Tonio Kröger heißt es:
»Sein Herz schlug ängstlich, denn er gewärtigte, sein Vater könnte aus einer der Türen zu ebener Erde, an denen er vorüberschritt, hervortreten, im Kontor-Rock und die Feder hinterm Ohr, ihn anhalten und ihn wegen seines extravaganten Lebens streng zur Rede stellen, was er sehr in der Ordnung gefunden hätte. Aber er gelangte unbehelligt vorbei. Die Windfangtür war nicht geschlossen, sondern nur angelehnt, was er als tadelnswert empfand, während ihm gleichzeitig zumute war wie in gewissen leichten Träumen, in denen die Hindernisse von selbst vor einem weichen und man, von wunderbarem Glück begünstigt, ungehindert vorwärts dringt ... Die weite Diele, mit großen viereckigen Steinfliesen gepflastert, widerhallte von seinen Schritten. Der Küche gegenüber, in der es still war, sprangen wie vor alters in beträchtlicher Höhe die seltsamen, plumpen, aber reinlich lackierten Holzgelasse aus der Wand hervor, die Mägdekammern, die nur durch eine Art freiliegender Stiege von der Diele aus zu erreichen waren. Aber die großen Schränke und die geschnitzte Truhe waren nicht mehr da, die hier gestanden hatten ... Der Sohn des Hauses beschritt die gewaltige Treppe und stützte sich mit der Hand auf das weißlackierte, durchbrochene Holzgeländer, indem er sie bei jedem Schritte erhob und beim nächsten sacht wieder darauf niedersinken ließ, wie als versuche er schüchtern, ob die ehemalige Vertrautheit mit diesem alten, soliden Geländer wieder herzustellen sei ... Aber auf dem Treppenabsatz blieb er stehen, vorm Eingang zum Zwischengeschoß. An der Tür war ein weißes Schild befestigt, auf dem in schwarzen Buchstaben zu lesen war: Volksbibliothek.« Soweit die Erinnerungen Tonio Krögers, der hier ganz sicher einige der Gefühle Thomas Manns zum Ausdruck bringt.

Zurück in die reale Geschichte, die auch für Lübeck im 20. Jahrhundert nichts Idyllisches mehr bereithielt. In der Nacht zum Palmsonntag 1942 erlebte Lübeck einen der schlimmsten Tage in seiner so langen Geschichte. Britische Bomber flogen einen großen Angriff auf die Hansestadt und zerstörten ein Fünftel der historischen Altstadt. Auch die obere Mengstraße wurde stark in Mitleidenschaft gezogen. Vom Buddenbrookhaus blieben glücklicherweise die spätbarocke Fassade und der historische Gewölbekeller erhalten. Lange Jahre stand das zerstörte Haus im Schatten der wiederaufgebauten Marienkirche, ehe 1957 eine Bankfiliale im hinter der Fassade errichteten Neubau eröffnet wurde. Ende 1991 schließlich erwarb die Hansestadt Lübeck das Haus zurück, um darin eine Gedenk- und Forschungsstätte für Heinrich und Thomas Mann einzurichten.

**Nächste Doppelseite:
Die Mengstraße nach dem
Bombenangriff auf Lübeck
in der Nacht vom 28./29. März 1942.
Nur die Hausfassaden
sind erhalten geblieben.**

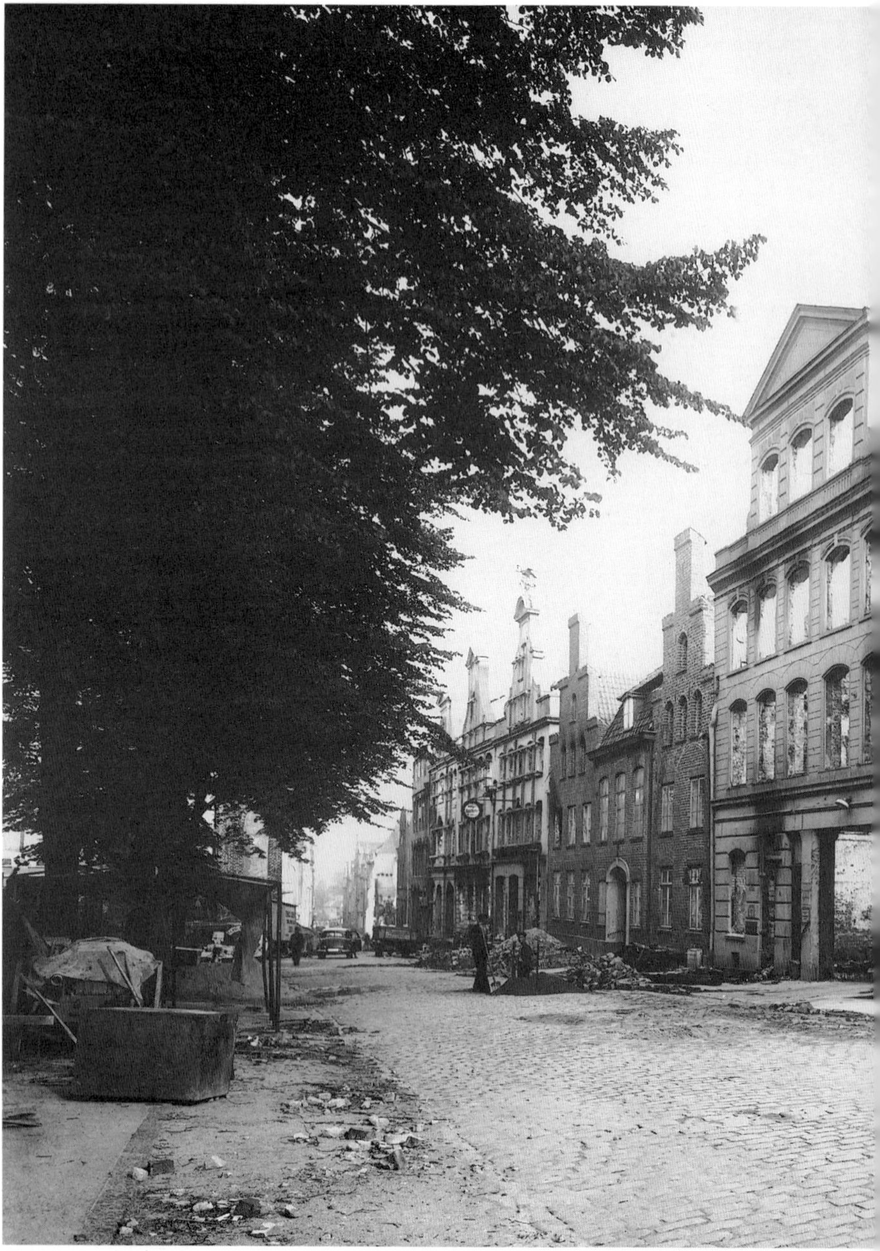

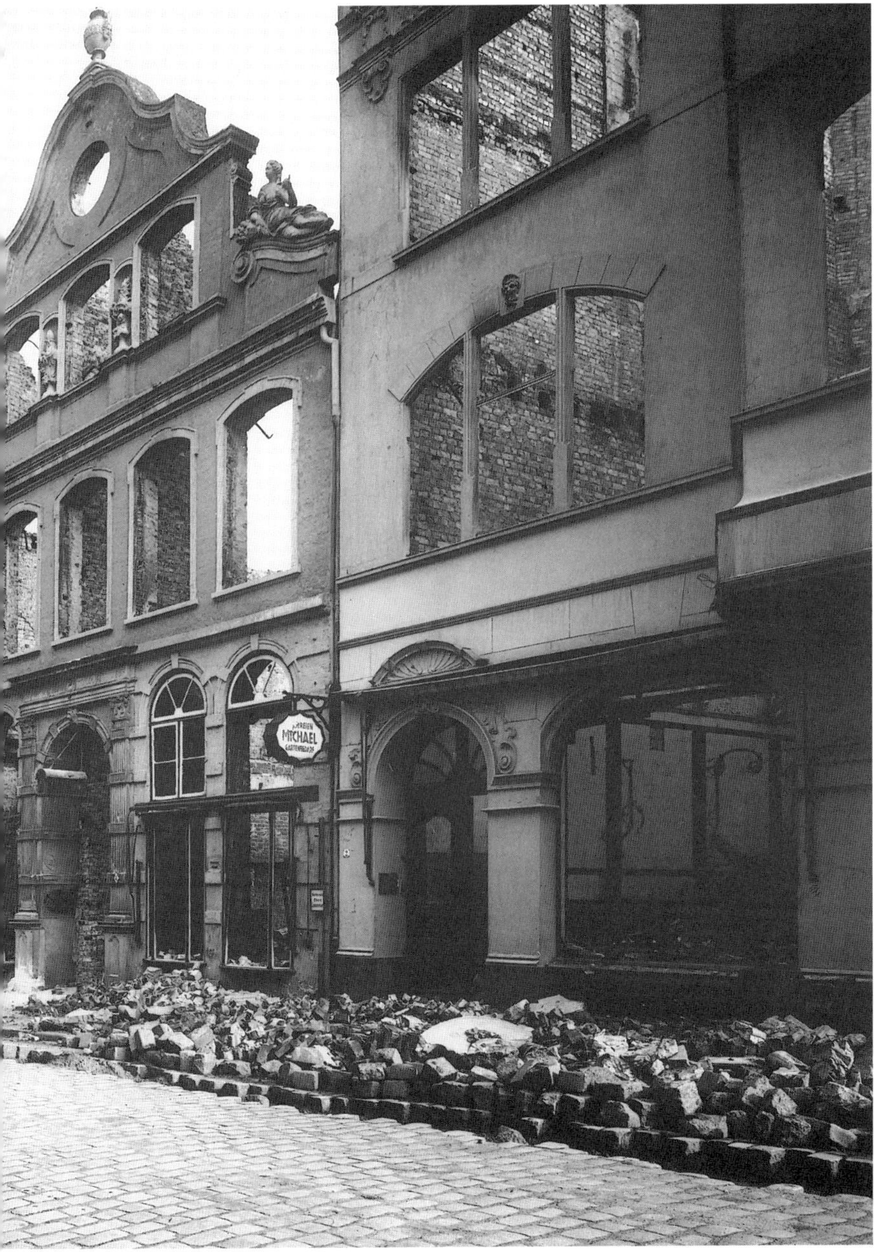
MICHAEL

Besucher vor dem Buddenbrookhaus, in dem heute das
Heinrich-und-Thomas-Mann-Zentrum beheimatet ist.

Das Heinrich-und-Thomas-Mann-Zentrum

Am 6. Mai 1993 wurde im Beisein des damaligen Bundespräsidenten Richard von Weizsäcker das Heinrich-und-Thomas-Mann-Zentrum eröffnet. Es will dem Andenken an die Brüder Mann auf vielfältige Weise gerecht werden. Im Erdgeschoß liegt der Mittelpunkt des Hauses, die Dauerausstellung. Anhand von Fotos, Büchern, Dokumenten, Schautafeln und Gegenständen aus dem Familienbesitz werden Leben und Werk von Heinrich und Thomas Mann dargestellt, wobei der Schwerpunkt auf dem Verhältnis der Brüder zueinander und zu ihrer Heimatstadt Lübeck liegt. Daneben werden ständig Veranstaltungen durchgeführt, etwa Vorträge und Lesungen, die auch die Literatur des 20. Jahrhunderts einbeziehen.

Der literarische Flaneur sollte unbedingt als Ergänzung zu den literarischen Spaziergängen die Dauerausstellung besuchen. Dies kann vorher oder nachher geschehen, ganz wie es der Zeitplan des Besuchers zuläßt. Als Auftakt und weil damit gleichzeitig ein kurzer biographischer Überblick über das Leben der beiden großen Lübecker gegeben wird, soll ein Gang durch die Ausstellung diesen Abschnitt beschließen.

Zu Beginn befindet man sich im Lübeck der Zeit um 1880. Es ist ein Bereich der Einstimmung, dem neun Etappen aus dem Leben der Brüder Mann folgen. Er wird abgeschlossen von einer Lebenschronik der beiden, die eine erste Orientierung gibt.

Die Ausstellung ist chronologisch angelegt, und ihr erster Teil ist daher mit *Familie* überschrieben. Hier wird die Herkunft der Manns gezeigt, und zwar in Form eines Stammbaums und einer großen Familienvitrine, die wichtige Exponate aus ihrem privaten und geschäftlichen Leben enthält. Zu nennen wären etwa der Pokal zum einhundertjährigen Firmenjubiläum und ein originales Geschäftsjournal, in dem der Kauf des Hauses Mengstraße 4 verzeichnet ist.

Jugend in Lübeck ist der folgende Teil der Ausstellung betitelt. Hier wird dem Besucher die Stadt an der Trave vorgestellt, damit er einen Eindruck von den wirtschaftlichen, kulturellen und politischen Verhältnissen dieser Zeit erhält. Darüber hinaus werden die prägenden Ereignisse jener Jahre, etwa die Schule und das Theater, sowie Heinrich und Thomas Manns Leben als Jugendliche in Lübeck dargestellt. Der Tod des Vaters beendet diese Abteilung. Er bildet eine entscheidende Wende im Leben der Brüder. Die Sicherheit und Geborgenheit im Schoß der reichen und angesehenen Senatorenfamilie war dahin, die Firma und das Haus in der Mengstraße 4 wurden verkauft. Die Mutter zog 1892, nur ein Jahr nach dem Tod des Vaters, mit den jüngeren Geschwistern nach München.

Berlin, München, Italien heißt der dritte Bereich der Ausstellung. Er umfaßt die Zeit zwischen 1889, als Heinrich Lübeck in Richtung Dresden und Berlin verläßt, unterrichtet über die gemeinsame Zeit in Italien und endet 1900. Thema sind auch die Jahre Thomas Manns in München, wohin er 1894 der Mutter folgt. Gezeigt werden ebenfalls die ersten literarischen Versu-

Titelblatt der Erstausgabe von 1905

che und die frühen Einflüsse berühmter europäischer Schriftsteller auf die beiden jungen Autoren.
Buddenbrooks ist die vierte Etappe der Ausstellung überschrieben. Der Besucher erfährt vieles über Entstehung, Wirkung und Quellen jenes Romans, der 1901 den Ruhm Thomas Manns begründete. Im Mittelpunkt stehen mehrere Figurensäulen, die den Zusammenhang von Literatur und Leben versinnbildlichen. Aus *Buddenbrook*-Texten geformte Gesichter stellen Menschen aus Lübeck dar, die für Thomas Mann Vorbilder für bestimmte Romanfiguren abgaben.
Die Zeit zwischen 1900 und 1914 im Leben der Brüder wird in der nächsten Abteilung thematisiert, *Beginn des Ruhms und früher Zwist* betitelt. Hier dominieren die Romane und Erzählungen jener Jahre – Heinrich Manns *Im Schlaraffenland, Die Göttinnen, Jagd nach Liebe, Professor Unrat, Die kleine Stadt* und Thomas Manns *Tonio Kröger* sowie *Königliche Hoheit*. Aber auch Biographisches kommt zur Sprache, so etwa die Heirat von Thomas Mann sowie von Heinrich Mann und der für beide schmerzliche Selbstmord der Schwester Carla (1910).
Bruderzwist stellt die Jahre des Ersten Weltkrieges dar. Zwischen Kriegsbeginn und der deutschen Revolution von 1918 kulminiert der Streit der Brüder. Sie brechen ihre Beziehungen zueinander ab und versöhnen sich erst 1922 wieder. Neben den zentralen Texten jener Jahre – zu nennen sind der *Zola*-Essay sowie *Der Untertan* bei Heinrich Mann und die *Betrachtungen eines Unpolitischen* bei Thomas Mann – sind es vor allem die großen Briefe der beiden, die den Streit symbolisch verdichten. Sie finden sich im Zentrum der sechsten Ausstellungsabteilung.
Der siebte Bereich führt den Besucher in eine historisch neue Situation. Er ist überschrieben mit *Die Republik* und zeigt das Wirken der Brüder für die Weimarer Demokratie in den Jahren zwischen 1918 und 1933. Sie tun dies in vielfältiger Weise. Zum einen durch direkte politische Reden und Aufsätze, die in zwei Vitrinen dargestellt werden, aber auch durch die Kunst, die in den Romanen *Der Zauberberg* (Th. Mann) und *Der Kopf* (H. Mann) präsent ist. Daneben werden weitere wichtige Ereignisse in den zwanziger Jahren ge-

Heinrich und Thomas Mann, Berlin 1927

zeigt: Thomas Manns Besuch der Heimatstadt Lübeck anläßlich der Feier zur siebenhundertjährigen Reichsfreiheit, die Verleihung des Nobelpreises an ihn im Dezember 1929 sowie die Verfilmung von Heinrich Manns Roman *Professor Unrat*, die ihm unter dem Titel *Der blaue Engel* einen großen Erfolg einbrachte. Zu erwähnen ist auch noch die Präsentation der Taufschale aus dem Besitz der Familie Mann, die im *Zauberberg* zu literarischem Ruhm gelangt ist.

Mit der Machtübernahme Hitlers änderte sich auch für Heinrich und Thomas Mann die Situation radikal. Beide mußten ihre Heimat verlassen und in die Fremde gehen. *Exil* ist dann auch

35

Heinrich Mann im Exil in Santa Monica, Kalifornien, 1943

der Name der achten Abteilung der Ausstellung, die die Jahre zwischen 1933 und 1945 vor Augen führen will. Es sind die Jahre in der Schweiz, in Frankreich und schließlich in den USA, wo beide in Kalifornien wohnten, nur wenige Autominuten voneinander entfernt. Es sind die Jahre, in denen der Kampf gegen den Faschismus von beiden kompromißlos betrieben wurde, in denen aber dennoch die Literatur den herausragenden Platz in ihrem Leben behält. Beispiel dafür sind Heinrich Manns großes Werk *Die Jugend und die Vollendung des Königs Henri Quatre* (1935 und 1938) sowie Thomas Manns Romantetralogie *Joseph und seine Brüder* (1933–1943) und *Lotte in Weimar* (1939).

Die letzten Jahre ist schließlich der neunte und abschließende Teil der Ausstellung überschrieben. Hier steht wieder das Verhältnis der Brüder zueinander und zu ihrer weiteren deutschen und engeren Lübecker Heimat im Mittelpunkt. Gezeigt wird die Einsamkeit Heinrich Manns im Exil, die Abhängigkeit von seinem Bruder, der ihm aber bereitwillig Hilfe zuteil werden ließ. Gezeigt wird ferner die Versöhnung Lübecks mit Thomas Mann, der 1955, wenige Monate vor seinem Tod, zum Ehrenbürger ernannt wurde.

Katia und Thomas Mann vor dem zerstörten Buddenbrookhaus, 1953.
Foto von Hans Kripgans

Öffnungszeiten der Ausstellung im
Buddenbrookhaus:
Ganzjährig, täglich von 10 bis 17 Uhr
Telefon: 04 51/1 22 41 92

**Blick in die Breite Straße
mit St. Jakobi, um 1880**

Erster Spaziergang
»In Lübeck ist ja alles
›in der Nähe‹...«
Breite Straße
und Königstraße

Engelsgrube

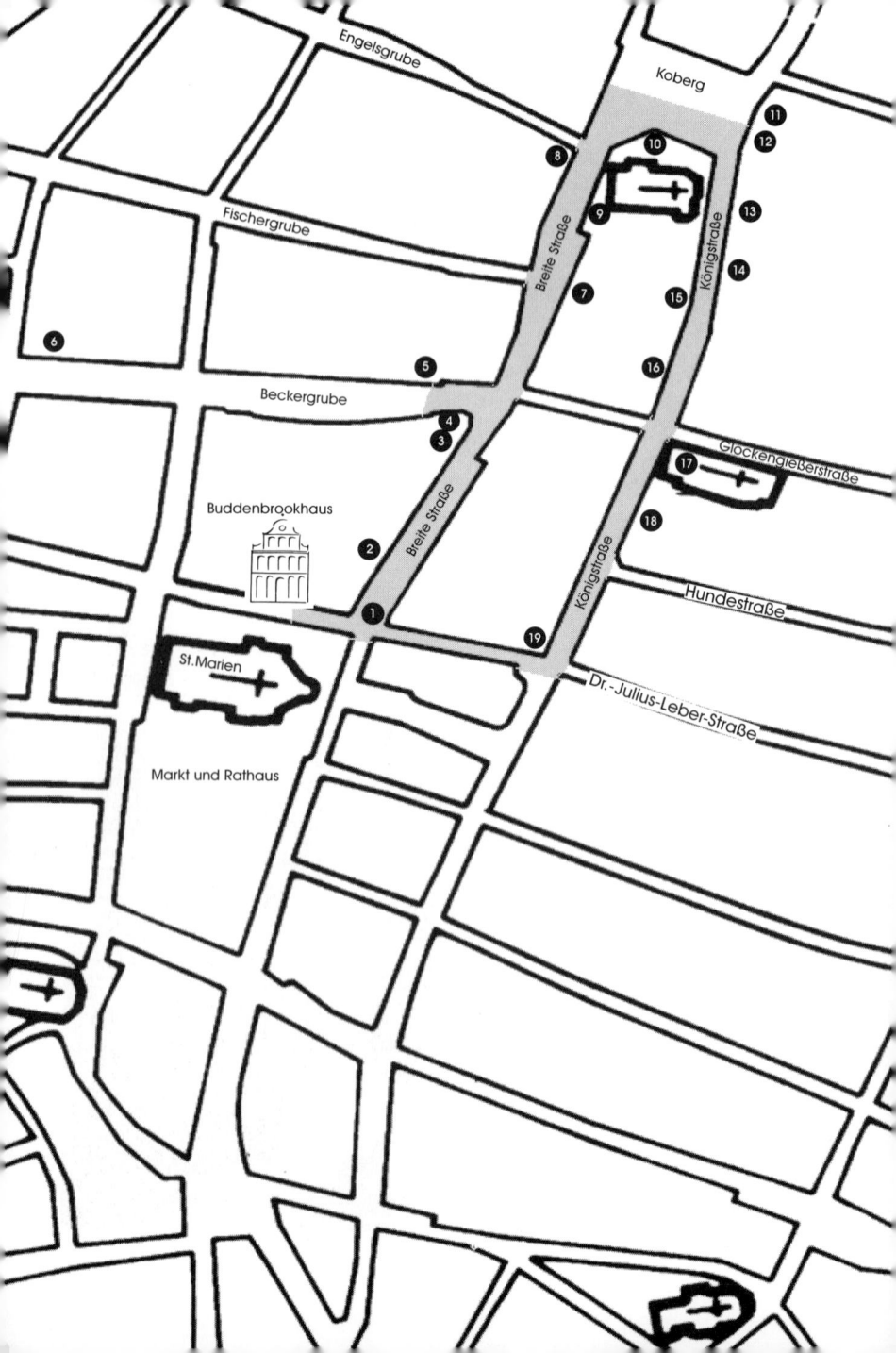

Koberg

Fischergrube

Breite Straße

Königstraße

Beckergrube

Glockengießerstraße

Buddenbrookhaus

Breite Straße

Königstraße

Hundestraße

St. Marien

Dr.-Julius-Leber-Straße

Markt und Rathaus

Mit ein paar Schritten gelangen wir vom Buddenbrookhaus an die Kreuzung Breite Straße, die ihre Breite erst dem Wiederaufbau in der Nachkriegszeit verdankt.

❶ Blick in die Breite Straße um 1880

Schauen wir nach links in die Straße hinab, so zeigen uns die Lichtstelen auf der einen und die Linie der Bäume auf der anderen Seite die Häuserflucht der Vorzeit.

Wie man sich die Atmosphäre des städtischen Lebens um 1875 hier vorzustellen hatte, schildern die *Buddenbrooks* folgendermaßen:

»In der Breiten Straße herrschte um Mittag reger Verkehr. Schulkinder, die Ränzel auf dem Rücken, kamen daher, erfüllten die Luft mit Lachen und Geplapper und warfen einander mit dem halb zertauten Schnee. Junge Kaufmannslehrlinge aus guter Familie, mit dänischen Schiffermützen oder elegant nach englischer Mode gekleidet, Portefeuilles in den Händen, gingen nicht ohne Würde vorüber, stolz, dem Realgymnasium entronnen zu sein. Gesetzte, graubärtige und höchlichst verdiente Bürger stießen mit dem Gesichtsausdruck unerschütterlich nationalliberaler Gesinnung ihre Spazierstöcke vor sich her ...«

Das Haus Nr. 54 (heute: Commerzbank) ist unser erstes Ziel.

❷ Wohnhaus der Familie Mann (ab 1869)
Breite Straße 54

Mit etwas Phantasie sehen wir das im Krieg zerstörte Haus, in dem die Eltern Thomas Johann Heinrich und Julia Mann nach ihrer Hochzeit im Jahre 1869 eine Etage gemietet hatten. Eine Gedenktafel erinnert an diese Zeit, wobei nicht verhehlt werden soll, daß durch ein Versehen ein falscher Todestag Heinrich Manns auf der Gußplatte zu lesen ist. Am 12. März (nicht am 21.) 1950 starb Heinrich Mann im kalifornischen Santa Monica, ohne Lübeck seit 1893 je wiedergesehen zu haben.

Geburtshaus von Heinrich Mann, Breite Straße 54

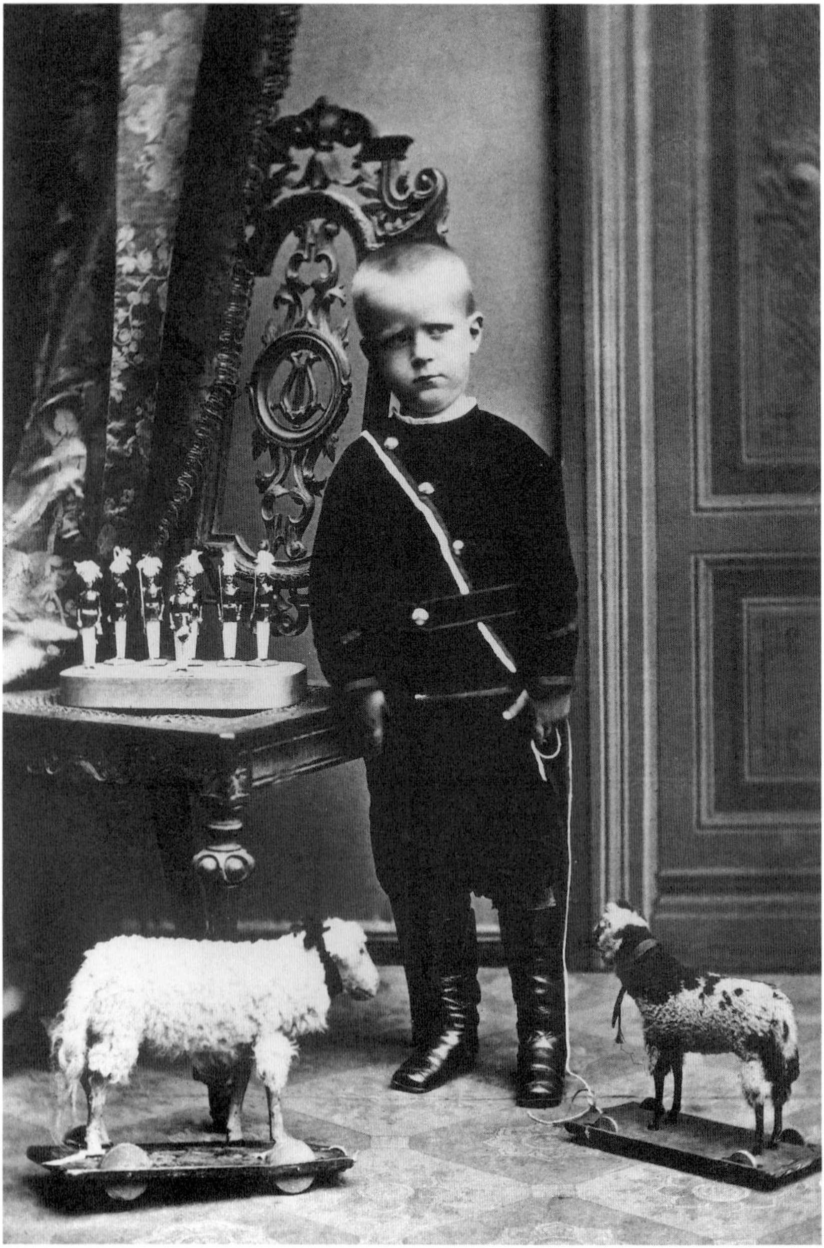

Unten: Thomas Johann Heinrich Mann
und Julia Mann als junges Ehepaar,
um 1875. Links: Heinrich Mann, um 1876

Nur ein kurzes Stück die Breite Straße hinunter kommen wir zu unserer nächsten Station, der Straßenecke mit der Beckergrube.

❸ Wohnhaus der Familie Mann (ab 1872)
Breite Straße 38

Dort, wo heute die Girozentrale der Landesbank Schleswig-Holstein die Hausnummern 36–40 belegt, stand als zweites Haus von der Straßenecke aus gesehen bis zum Anfang dieses Jahrhunderts ein Haus, in das die Familie einige Jahre vor Thomas Manns Geburt einzog. Heinrich Mann hat es in der Novelle *Herr Gewert* so beschrieben: »Unser Haus war das zweite vor der Straßenecke, vorn hatte es Fenster in der Breiten Straße, hinten in der Beckergrube. Das kleine Eckhaus aber schob sich im Winkel hinein; ich war überzeugt, das unsere müsse es unsichtbar im Bauche haben. Einmal hätte das fremde Haus sich doch öffnen sollen mitten in unserem, und die fremden Kinder wären hervorgetreten.« Und in *Buddenbrooks* heißt es: »Märzschnee lag in der Breiten Straße, als fünf Uhr nachmittags die Droschke an der schlichten, mit Ölfarbe gestrichenen Fassade ihres Hauses vorfuhr.« Dort, wo heute eine Plastik auf die Anonymität des modernen Menschen hinweist, lag der Eingang des Hauses 38.
Nicht endgültig klären läßt sich die Frage, ob Thomas Mann in diesem Haus geboren ist. Die Tatsache, daß zwischen dem 6. Juni 1875 und der Anmeldung auf dem Standesamt fast fünf Wochen vergangen sind, spricht eher dafür, daß

**Thomas Manns Geburtshaus, um 1880
Breite Straße 38, zweites Haus links**

die Familie Mann in ihrem Sommerhaus, draußen vor dem Burgfeld, gewesen ist, als Thomas Mann zur Welt kam. »Das kleine Eckhaus« (Heinrich Mann) war eher ein prächtiges Haus, im Empirestil erbaut, und von der Witwe des Seidenhändlers Wilhelm Anton Spiegel bewohnt. Diese Dame und ihre dichterische Verschmelzung mit einer geistesschwachen Enkelin, die als die »verrückte Spiegel« stadtbekannt war, erscheint in Thomas Manns Alterswerk

**Rechts: Thomas Mann mit seiner
Schwester Carla, um 1883**

44

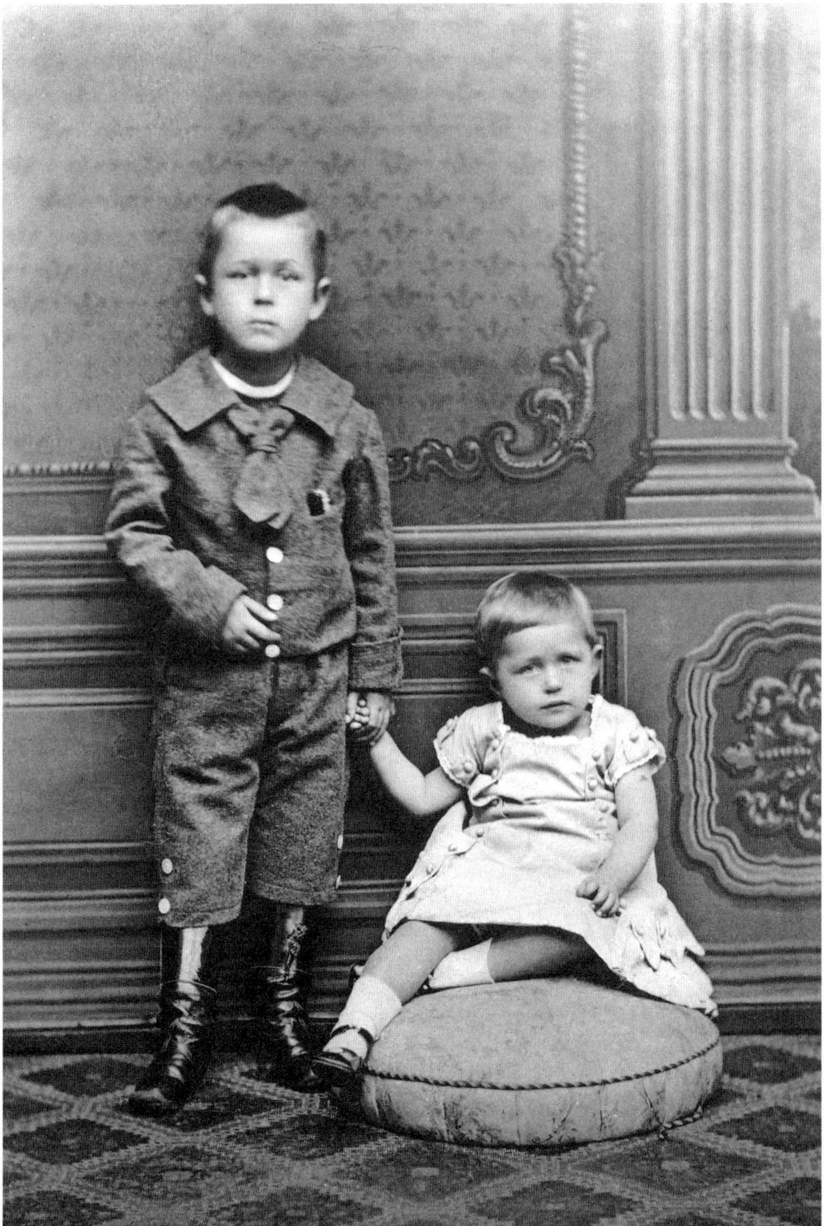

Doktor Faustus: »... Ferner eine kostümlich ganz aus der Zeit fallende Person namens Mathilde Spiegel, mit rüschenbesetztem Schleppkleid und ›Fladus‹ – ein lächerliches Wort, worin das französische flûte douce verderbt ist, und das eigentlich wohl ›Schmeichelei‹ bedeutet, hier aber eine sonderbare Lockenfrisur nebst Kopfputz bezeichnete –, ein Frauenzimmer, das geschminkt, aber fern von Unsittlichkeit, entschieden zu närrisch dazu, begleitet von Möpsen mit Atlasschabracken in irrer Hochnäsigkeit die Stadt durchwanderte.«

Das Spiegelsche Haus wurde 1889 an den Kaufmann und Konsul Peter Hinrich Rodde verkauft, den wir in *Buddenbrooks* als den »suitier« Konsul Peter Döhlmann wiedertreffen.

❹ Eine Stele,
aufgestellt 1975 zum 100. Geburtstag Thomas Manns, sehen wir vor uns auf den Stufen hinunter zur Beckergrube zwischen der Landesbank und dem gläsernen Restaurantpavillon, der übrigens historisch korrekt den eigentlichen Straßenverlauf markiert.

**❺ Das Stadttheater
Beckergrube 10–16**
Der Blick über die Beckergrube hinweg zeigt uns das Stadttheater, eines der ganz wenigen Lübecker Baudenkmäler aus der Jugendstilepoche (1908 von Martin Dülfer gebaut, seit kurzem wieder in alter Pracht restauriert). Zu Zeiten der Familie Mann besuchte man zuerst das »Ebbe'sche Theater« und ab 1858 das »Casinotheater«, das mit 800 Sitzplätzen den Lübeckern damals wie die Inkarnation des neuzeitlichen Theaterkomforts vorgekommen sein muß.

Im jetzigen Theater-Haus hielt Thomas Mann am 5. Juni 1926 anläßlich der 700-Jahr-Feier zum Gedenken an die Verleihung der Reichsfreiheit an das damals schon mächtige Lübeck durch den Staufer Friedrich II. eine Rede, in der er sein Verhältnis zur Heimat gültig zusammengefaßt hat. Dort heißt es zu Beginn: »... wenn ich für meinen Vortrag eben diesen Titel wählte: ›Lübeck als geistige Lebensform‹, so ist die Lebensform und Lebensauswirkung *eines Lübeckers* gemeint, des Lübeckers, der vor Ihnen spricht, der ein Künstler, ein Schriftsteller, ein Dichter, wenn Sie wollen, geworden, und als Künstler, als Schriftsteller, ein Lübecker geblieben ist.« Und an anderer Stelle: »Ich sprach da von menschlich-privaten Dingen, von Lübeck als persönlicher Lebensform und -stimmung und -haltung. Ich möchte hinzufügen, es ist mein Ehrgeiz, nachzuweisen, daß Lübeck als Stadt, als Stadtbild und Stadtcharakter, als Landschaft, Sprache, Architektur durchaus nicht nur in ›Buddenbrooks‹, deren unverleugneten Hintergrund es bildet, seine Rolle spielt, sondern daß es von Anfang bis zu Ende in meiner Schriftstellerei zu finden ist, sie entscheidend bestimmt und beherrscht.«

Heinrich und Thomas Mann besuchten das Theater schon als Jungen mit ihrer Mutter. Zumal es immer nur ein Sprung für die Buddenbrooks und Manns dorthin war, denn schon das Haus in der Mengstraße hatte einen direkten Zugang. Das imposante Grundstück zog

> Zur Einweihung
>
> des neuen Theaters zu Lübeck
>
> am 3. März 1858.

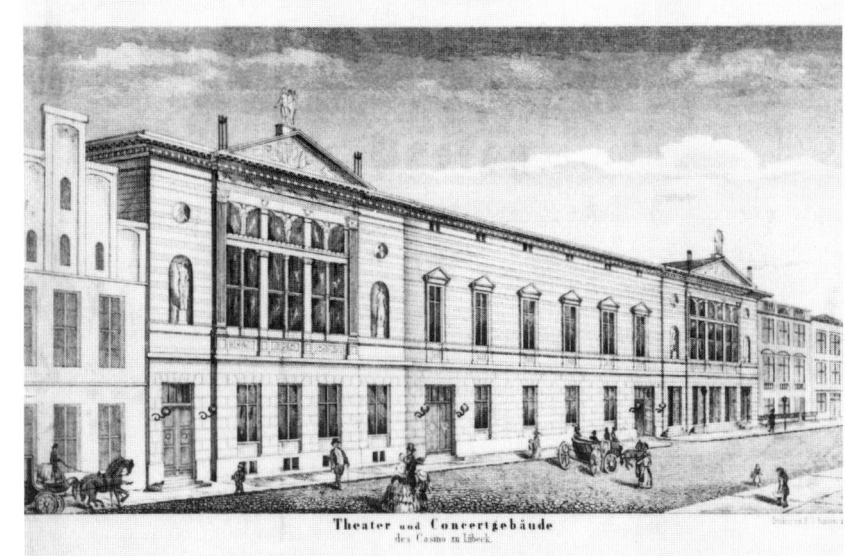

Das Lübecker Stadttheater im 19. Jahrhundert

sich ja von der Mengstraße hinunter bis zur Beckergrube, und auch alle anderen Wohnungen und Häuser lagen in kürzester Entfernung zum Stadttheater. Hier ist auch die Wurzel der lebenslangen Wagner-Verehrung zu suchen, die Thomas Mann so nachhaltig geprägt hat: »Später war es ein künstlerisches Kapital-Ereignis meines Lebens, die Begegnung mit der Kunst Richard Wagners, die das Theater meiner Heimatstadt mir vermittelte ... Damals war der junge Emil Gerhäuser Heldentenor der städtischen Oper. In seiner Stimme Maienblüte sang er den Tannhäuser, den Walther Stolzing, und noch häufiger den Lohengrin. Ich will mich nicht vermessen, aber ich glaube, einen hingenommeneren Zuhörer hat das Stadttheater nie beherbergt, als ich es an jenen zaubervollen Abenden war.«

Das Lübecker Theater war das Sprungbrett für eine Reihe bekannter und berühmter Dirigenten und Schauspieler

wie Hermann Abendroth, Wilhelm Furtwängler, Christoph von Dohnanyi, Gerd Albrecht oder Will Quadflieg.
Blicken wir jetzt einmal die Beckergrube hinunter, so sehen wir in einiger Entfernung eine »Aral«-Tankstelle.

❻ Wohnhaus der Familie Mann (ab 1882)
Beckergrube 52

Dort stand bis zu seiner Zerstörung 1942 das berühmte Elternhaus, das die Familie Mann 1882 bezog, ein für damalige Verhältnisse prächtiges, vielbewundertes Haus im Neo-Stil ganz nach dem Geschmack der Zeit. Thomas Mann verlegt das Haus in *Buddenbrooks* in die benachbarte, parallel verlaufende Fischergrube, bis zu der das Grundstück reichte.

»Herr Voigt übernahm den Bau, und bald schon konnte man donnerstags im Familienkreise seinen sauberen Riß entrollen und die Fassade im voraus schauen: ein prächtiger Rohbau mit Sandstein-Karyatiden, die den Erker trugen, und einem flachen Dache, über welches Klothilde gedehnt und freundlich bemerkte, daß man nachmittags Kaffee darauf trinken könne ...«

Das Haus besaß einen großen, nach hinten gelegenen Garten. Tony und Thomas Buddenbrook bietet er sich an einem Julisonntag in seiner ganzen Pracht dar:

»Es war warm und still. Die Düfte der reinlich abgezirkelten Beete lagen in der Abendluft, und der von hohen lilafarbenen Iris umstandene Springbrunnen sandte seinen Strahl mit friedlichem Plätschern dem dunklen Himmel entgegen, an dem die ersten Sterne zu erglimmen begannen. Im Hintergrunde führte eine kleine, von zwei niedrigen Obelisken flankierte Freitreppe zu einem erhöhten Kiesplatze empor, auf welchem ein offener, hölzerner Pavillon stand, der mit seiner herabgelassenen Markise einige Gartenstühle beschirmte. Zur Linken ward das Grundstück durch eine Mauer vom Nachbargarten abgegrenzt; rechts aber war die Seitenwand des Nebenhauses in ihrer ganzen Höhe mit einem hölzernen Gerüst verkleidet, das bestimmt war, mit der Zeit von Schlinggewächsen bedeckt zu werden. Es gab zu den Seiten der Freitreppe und des Pavillonplatzes ein paar Johannis- und Stachelbeersträucher; aber nur *ein* großer Baum war da, ein knorriger Walnußbaum, der links an der Mauer stand.«

Die Familie Mann führte auch gesellschaftlich in den achtziger Jahren ein großes Haus. Von einem der vielen Bälle, die in der Beckergrube stattfanden, berichtet Heinrich Mann in einer *Der Maskenball* betitelten Erzählung:

»Der Ball hat angefangen. Die vorderen Räume sind leer, dennoch erkenne ich sie kaum wieder, der Ball hat alles verändert. Tritt jemand ein, entweiche ich unhörbar in das nächste Zimmer. So mache ich die Runde, phantastisch angezogen von dem Fest im Saal, dem farbigen Glanz, der hervorströmt, von der Musik, dem Scharren auf Parkett, von Stimmengewirr und warmen Düften. Endlich gelange ich bis hinter die Tür des Saales, es ist gewagt, aber es

Das Elternhaus der Brüder Mann, um 1900. Beckergrube 52

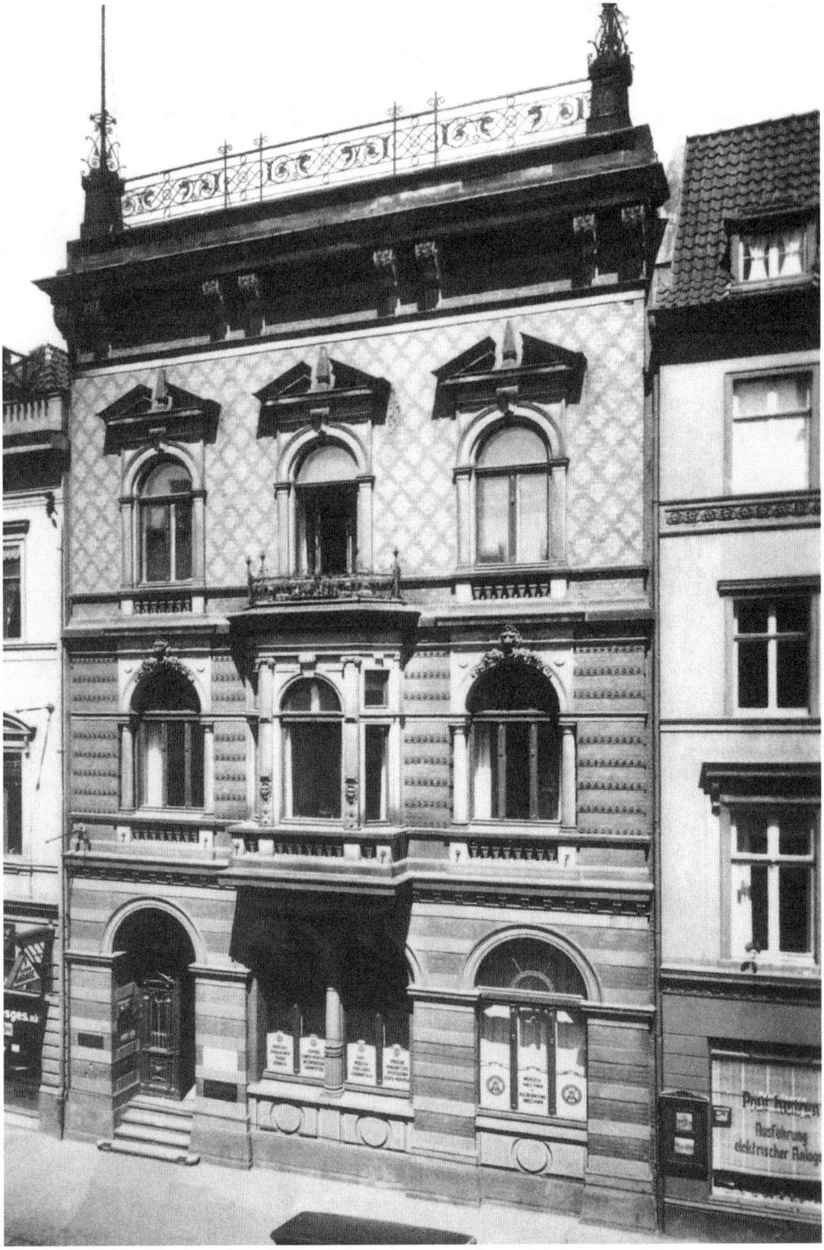
Ausführung

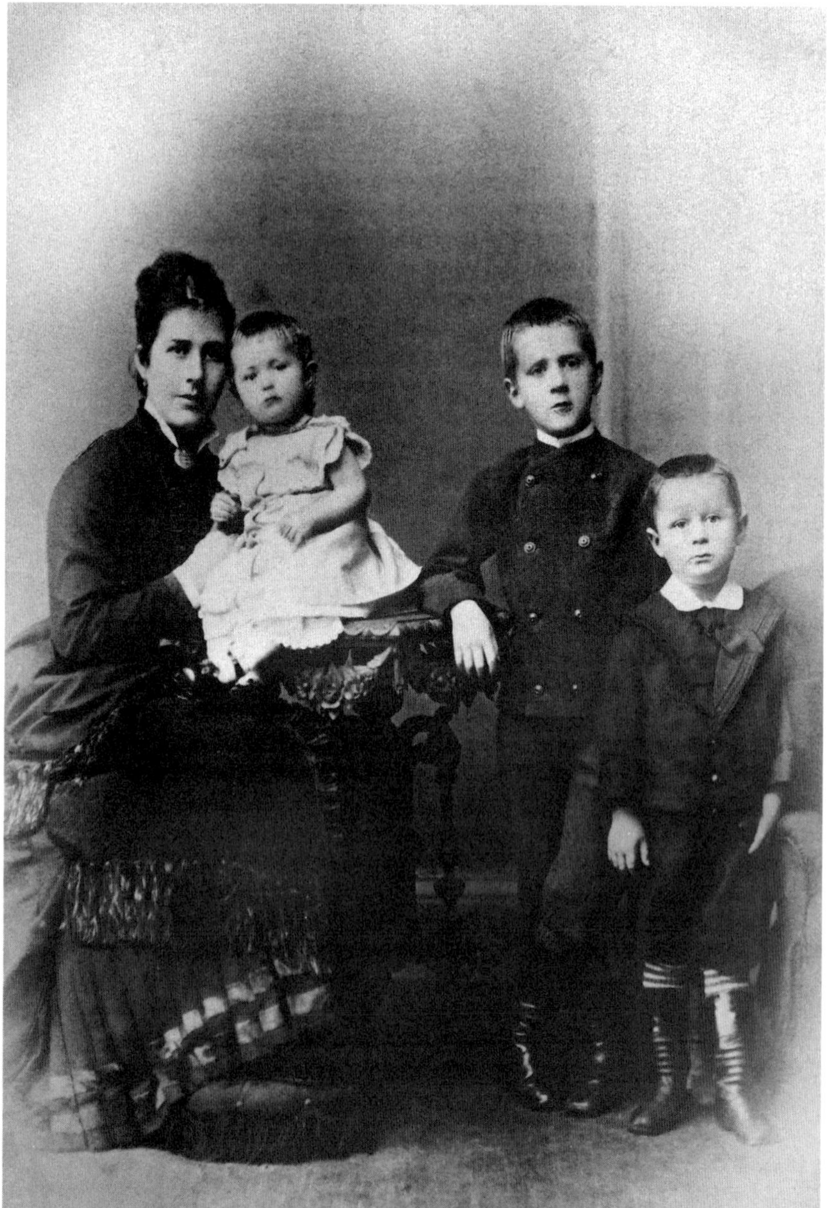

lohnt. Nackte Schultern, mild vom Licht überzogen, Haare, schimmernd wie Schmuck, und Juwelen, die blitzen vom Leben, wenden sich mühelos im Tanz. Mein Vater ist ein fremder Offizier, gepudert, mit Degen, ich bin durchaus stolz auf ihn. Mama Coeurdame schmeichelt ihm mehr als je. Aber mein Urteil erstirbt vor dem Fräulein aus Bremen, ich fühle nur, daß sie dahingleitet, an einen Herrn geschmiegt, der hoffentlich nicht weiß, wer sie ist. Ich weiß es. Ich stehe mit sieben Jahren hinter der Tür des Ballsaales, ratlos ergriffen von dem Glück, dem alle nachtanzen.«

Wir bleiben nicht auf der Beckergrube, sondern halten uns weiter an die Breite Straße, die leicht ansteigend zur Kirche St. Jakobi führt. Als nächstes kommen wir zum Nachfolgebau eines der Häuser der höchst angesehenen Kaufmannsfamilie Rodde (heute das »Capitol«-Kino)

❼ Wohnhaus von Matthäus Rodde und Dorothea Schlözer Breite Straße 13

Von 1792 bis 1811 wohnte Dorothea Schlözer (1770–1825) mit ihrem Mann Matthäus Rodde (1754–1825) in diesem Haus.

Dorothea Schlözer stammte aus Göttingen. Sie war die Tochter des an der dortigen Universität lehrenden berühmten Aufklärungshistorikers August Ludwig von Schlözer (1735–1809). Dieser ließ seiner Tochter eine für die damalige Zeit ausgezeichnete Erziehung zukommen. Im Rahmen des fünfzigjährigen Jubiläums der Universität Göttingen wird Dorothea Schlözer am 17. September 1787 als Doktorin der Philosophie promoviert. Sie ist die erste Frau an dieser Universität und in Deutschland überhaupt. Dies machte sie damals zu einer Berühmtheit. Auf einer der zahlreichen Reisen, die sie mit ihrem Vater unternimmt, lernt sie 1791 den reichen Lübecker Kaufmann und Senator Matthäus Rodde kennen. Er war seit sechs Jahren Witwer und von der schönen und klugen Frau fasziniert. Schon ein Jahr später, am 28. Mai 1792, fand die Hochzeit in Lübeck statt.

Links: Julia Mann mit den Kindern Julia, Heinrich und Thomas, um 1878
Unten: Julia, Thomas, Carla und Heinrich Mann, um 1889

51

Breite Straße. Rechts in der Mitte: das Haus der Familie Rodde-Schlözer

In den Jahren bis 1811, als die Familie aufgrund des vollständigen Bankrotts der Firma von Lübeck nach Göttingen fortzog, war das Haus in der Breiten Straße einer der gesellschaftlichen und kulturellen Mittelpunkte der Stadt. Viele Reisende, die nach Lübeck kamen, machten der Frau Doktorin Schlözer ihre Aufwartung. In einer Beschreibung des gesellschaftlichen Lebens in Lübeck heißt es über das Haus des Senators: »Seit seiner Vermählung mit der jungen Doktorin der Philosophie, Dorothea Schlözer, wurde sein Haus zum gesellschaftlichen und geistigen Mittelpunkt Lübecks. Es trafen sich dort die führenden Männer des Lübeckischen Staats- und Wirtschaftslebens, die Syndici Curtius und Gütschow, der Senator und Dichter Overbeck, Pastor Geibel – der Vater Emanuels – und die ersten Kaufleute der Stadt.

Ein geselliger Verkehr verband diesen Kreis mit den an den malerischen holsteinischen Seen wohnenden Dichtern und Philosophen Voß, Jacobi, den Gebrüdern Stolberg u. a. Auch nach Hamburg reichte das geistige Band, wo in jener Zeit, als von Weimar und Königsberg der hohe Ruf deutscher Kunst und Wissenschaft seinen Siegeslauf nahm, die aristokratischen Kaufmannskreise den Mittelpunkt des norddeutschen Geistesleben bildeten.«

Eine besondere Erwähnung verdient Charles de Villers (1764–1815). Als Offizier und Intellektueller lebte er nach der Französischen Revolution im Exil. Auf einer Reise nach St. Petersburg kam er 1797 in das Roddesche Haus in Lübeck und blieb von da an Gast der Familie. Er wohnte im Haus Breite Straße 15, das auch der Familie Rodde gehörte. Villers war ein hochgebildeter Mann, dem es besonders um die Vermittlung deutschen Gedankengutes an die Franzosen zu tun war. Er hatte Kontakt zu Madame de Staël, übersetzte Goethe und Klopstock ins Französische und war ein Vermittler der Philosophie Fichtes, Kants und

Nach 1830 war das Schlözersche Haus ein Hotel.

Dorothea Schlözer,
die erste Doktorin der Philosophie
in Deutschland.
Kupferstich von Fiorillo, 1790

Herders nach Frankreich. Im Gegensatz zu Rodde, der am kulturell-geselligen Zirkel seiner Frau wenig Anteil nahm, war Villers ein entscheidender Förderer des geistigen Austausches im Salon seiner Gastgeberin. 1811 folgte er der Familie nach Göttingen, wo er eine Professur für französische Literaturwissenschaft erhalten hatte.

Neben der Stadtsparkasse befindet sich die schon erwähnte Fischergrube. An der Kirche angekommen, steigen wir die Stufen zur großen Kastanie empor und verweilen unterhalb des Westturms der alten Seefahrerkirche. Der Blick geht gegenüber auf

Die »Schiffergesellschaft« von 1535, um 1870

❽ Die »Schiffergesellschaft« von 1535
Breite Straße 2

Das Gildehaus der Lübecker Schiffer und Seefahrer darf natürlich auch in *Buddenbrooks* nicht fehlen. Hier läßt der Makler Gosch seiner Begeisterung über die Braut von Thomas Buddenbrook freien Lauf: »›Ha!‹ sagte er im Klub oder in der Schiffergesellschaft, indem er sein Punschglas emporhielt und sein Intrigantengesicht in greulicher Mimik verzerrte ... ›Welch ein Weib, meine Herren! Here und Aphrodite, Brünnhilde und Melusine in einer Person ... Ha, das Leben ist doch schön!‹ fügte er unvermittelt hinzu; und keiner der Bürger, die um ihn her auf den schweren, geschnitzten Holzbänken des alten Schifferhauses unter den Seglermodellen und großen Fischen, die von der Decke herabhingen, saßen und ihren Schoppen tranken, keiner verstand, welches Ereignis das Erscheinen Gerda Arnoldsens in dem bescheidenen und nach Außerordentlichem sehnsüchtigen Leben des Maklers Gosch bedeutete ...« Diese »schönste Kneipe der Welt« (Felix Graf von Luckner, 1881–1966) ist äußerst sehenswert.

❾ Der Kirchplatz vor St. Jakobi

An diesem zugigen Platz machen wir einen gedanklichen Abstecher zu *Professor Unrat* und damit zum ersten Mal zu einem Lübeck-Roman von Heinrich Mann. Der unselige »Dr. Raat« irrt auf der verzweifelten Suche nach der »Barfußtänzerin Rosa Fröhlich« durch die Stadt. Dabei kommt er aus einer der zur Trave hin abfallenden sogenannten

Die Engelsgrube, eine der klassischen »Gruben«, mit Blick auf St. Jakobi

»Gruben« an diese Stelle: »Darauf erstieg Unrat den Rest der steilen Straße zwischen den Giebelhäusern [Engelsgrube], gelangte an eine Kirche [St. Jakobi], wo Sturm herrschte, und, den Mantel um sich her zusammengerafft, wieder ein Stück hinab [die Breite Straße]. Nun kam ein Seitenweg [Beckergrube], und vor einem der ersten Gebäude zögerte Unrat. Rechts und links neben der Tür hingen zwei hölzerne Kästen, hinter deren Drahtgittern das Programm stak mit ›Wilhelm Tell‹.« Wir sind diesen Weg zum Theater gerade entgegengesetzt zur Kirche gekommen.

Wir nehmen jetzt den recht schmalen Gang zwischen der Nordseite der Kirche und den »Pastorenhäusern« hinüber zur Königstraße.

⑩ Durchgang Pastorenhäuser zu St. Jakobi

Dabei stoßen wir am ersten der Reihenhäuser auf die Dienstwohnung des Organisten von St. Jakobi, an dem eine Plakette an den berühmtesten, an *Hugo Distler* (1908–1942), erinnert.
Als uneheliches Kind wuchs Hugo Distler mutterlos bei den Großeltern in Nürnberg auf, was zu seiner späteren Lebensangst beitrug. Er erhielt früh Klavierunterricht, nachdem zeitig seine musikalische Begabung entdeckt wurde, seine Bewerbung am Städtischen Konservatorium wurde jedoch zweimal »wegen mangelnder Begabung« zurückgewiesen, was er zeitlebens nicht verwunden hat. Nach dem Abitur 1927 ging Distler nach Leipzig an das Landeskonservatorium, wo er bei Carl Adolf Martienssen und Hermann Grabner studierte. Auf deren Anraten hin begann er ab 1928 mit dem Studium im Hauptfach Orgel und Komposition bei dem Thomas- und Gewandhausorganisten Günter Ramin, der ihm ein lebenslanger Freund wurde. Durch Ramin und einen weiteren Lehrer, Friedrich Högner, kam Distler in Kontakt mit der Orgelbewegung der zwanziger Jahre, die eine Rückwendung zum Orgelklang des Barock und Vorbarock anstrebte.
Im Januar 1931 trat Distler auf Vermittlung des engagierten Pastors an St. Jakobi in Lübeck, Axel Werner

Gedenkmedaille für Hugo Distler

Kühl, und des Kirchenmusikdirektors Bruno Grusnick eine Stelle zunächst als nebenamtlicher Organist von St. Jakobi an. Drei Jahre später wurde Distler schließlich hauptamtlicher Organist, leitete den Lübecker Sing- und Spielkreis, das neugegründete Lübecker Kammerorchester und wurde Leiter der kirchenmusikalischen Abteilung des 1933 gegründeten Staatskonservatoriums. Auf Drängen Distlers wurden die beiden Orgeln in St. Jakobi 1935 restauriert, wobei der historischen Stellwagen-Orgel an der Nordwand der Kirche seine besondere Liebe galt.
Die äußerst fruchtbare Zeit in Lübeck endete 1937 nach Diffamierungen von nationalsozialistischer Seite und unter dem Eindruck des gerade in der Hansestadt besonders heftig geführten Kamp-

fes gegen die Bekennende Kirche, dem auch sein Freund, der Pastor Kühl, zum Opfer fiel. Daraufhin verließ Distler Lübeck. Von 1937–1940 war er Lehrer an der Musikhochschule in Stuttgart, bis er einer Berufung nach Berlin an die Hochschule für Musik folgte. Von den damaligen Machthabern angegriffen (sein *Cembalo-Konzert,* op. 14, zählte zur »entarteten Kunst«), tief bedrückt durch eine drohende Einziehung zum Kriegsdienst und gepeinigt von Lebensangst suchte Hugo Distler am 1. November 1942 den Freitod. Über seinem Leben und Sterben steht als Leitsatz: »In der Welt habt ihr Angst; aber seid getrost, ich habe die Welt überwunden.« (Johannes 16,33)

Von Hugo Distlers umfangreichem Schaffen seien einige Werke aus seiner Lübecker Zeit in Erinnerung gerufen: die Motette *Herzlich lieb hab ich Dich, o Herr* (op. 2), die *Kleine Adventsmusik* (op. 4), die *Choralpassion* (op. 7), und die *Geistliche Chormusik* (op. 12), deren erste sieben Teile in Lübeck entstanden und deren zweite Motette, *Totentanz* für vierstimmigen Chor und Sprecher, sich an den Totentanzfries von Bernt Notke in der Marienkirche von Lübeck anlehnt.

Die von Distler hochgeschätzte, von ihm selbst in Auftrag gegebene eigene Hausorgel (1938) steht seit einigen Jahren im Pastorat von St. Jakobi und wird weiterhin bespielt.

⓫ Das Heiligen-Geist-Hospital am Koberg

Am Ende der Gasse stehen wir vor dem Heiligen-Geist-Hospital, einer mittelalterlichen bürgerlichen Hospitalanlage (1286), die ein beeindruckendes Beispiel für das Sozialempfinden Lübecker Kaufleute darstellt, denn nicht die

Das »Heiligen-Geist-Hospital«, 1860

Kirche oder der Staat sind Gründer dieser fast komplett erhaltenen Einrichtung, sondern eine Gruppe reicher Bürger.

⓬ Emanuel Geibel-Denkmal

In der Grünanlage neben der Südwand des Hospitals steht ein Denkmal, das den im 19. Jahrhundert populärsten Dichter der Stadt, Emanuel Geibel (1815–1884), zeigt. Das Denkmal stand zunächst auf dem heute wieder Koberg (damals »Geibelplatz«) genannten nördlichen Zentrum der mittelalterlichen Stadt.

Emanuel Geibel wurde am 17. Oktober 1815 in Lübeck geboren. Seit Ostern 1824 besuchte er das Katharineum, wo er 1835 das Abitur machte. Er studierte in Bonn und Berlin Theologie, später klassische Philologie. Von 1837 bis 1840 war er Hauslehrer in Griechenland. Zurückgekehrt nach Lübeck, gab er die erste Auflage eines Bandes *Gedichte* heraus. Nach zögernder Aufnahme beim Publikum begründete das Buch später seinen Ruhm und erreichte 1884, in Geibels Todesjahr, die 100. Auflage. In den folgenden Jahren reiste Geibel viel, kehrte aber immer wieder nach Lübeck zurück.

1852 erhielt er eine Honorarprofessur für Poetik und Ästhetik an der Universität München. Die Stelle war mit einer Pension des bayerischen Königs Maximilian II. verbunden. Bis zum Tode des Königs im Jahre 1864 war Geibels Einfluß auf das literarische Leben in Süddeutschland sehr groß. Die politischen Auseinandersetzungen zwischen Österreich und Preußen veranlaßten Geibel, für König Wilhelm I. von Preußen Partei zu ergreifen. Das beim Besuch des Königs in Lübeck (1868) verfaßte Huldigungsgedicht *Vom Fels zum Meer* führte zum Verlust des bayerischen Gehalts. Geibel bat daraufhin um Entlassung und kehrte endgültig nach Lübeck zurück, von Wilhelm I. mit einem lebenslangen Ehrensold von 1 000 Talern versehen. Zugleich erhielt er die Ehrenbürgerrechte seiner Heimatstadt. Geibel starb am 6. April 1884.

Thomas Mann beschreibt die Beliebtheit des Dichters, eine Anekdote zitie-

Das Geibel-Denkmal von Hermann Volz von 1889

rend, so: »Ich habe Emanuel Geibel als Kind noch gesehen, in Travemünde, mit seinem weißen Knebelbart und seinem Plaid über der Schulter, und bin von ihm um meiner Eltern willen sogar freundlich angeredet worden. Als er gestorben war, erzählte man sich, eine alte Frau auf der Straße habe gefragt: ›Wer kriegt denn nu de Stell? Wer ward nu Dichter?‹«

Auch Heinrich Mann hat sich durchaus positiv über Emanuel Geibel geäußert. So heißt es ironisch-anerkennend in einem Brief an den in Lübeck weilenden Freund Ludwig Ewers, anläßlich der Einweihung des Geibel-Denkmals im Jahre 1889:

»Nachdem ich sämtliche Zeitungsberichte, die mir von Lübeck gesandt waren, durchgelesen, war es Dein Brief, der mir in den Wust von Äußerlichkeiten Leben hineinbrachte. Ich verstand Deine Begeisterung und grollte meinem Schicksal, das mich verdammte, mich achtzehn Jahre in Lübeck zu langweilen, um an dem einzigen großen Tage, den die alte Stadt in dieser Zeit erlebt, fern zu sein.«

Auch die Bedeutung Geibels als einer der repräsentativen Dichter des 19. Jahrhunderts hat Heinrich Mann treffend beschrieben: »Der Dichter soll unter allen Umständen der Herold seiner Zeit sein. Das können wir beide uns am besten an unsern Lieblingsdichtern, Heine und Geibel, klarmachen. Wer Heine gründlich studiert hat, der kennt jene ganze Zeit mit all ihrem jauchzenden Freiheitsenthusiasmus und all ihrer bitteren, ›arretierten‹ Verzweiflung. Und wer Geibels ›Heroldsrufe‹ und übrige Zeitgedichte gelesen, der ist eingeweiht in jene ganze Periode voll erwartungsvoller Sehnsucht nach einem neuen deutschen Kaiserreich.«

Wir halten uns nach rechts und stehen nach wenigen Metern vor dem

⓭ Haus der »Gesellschaft zur Beförderung gemeinnütziger Tätigkeit« Königstraße 5

Die Gesellschaft wurde 1789 von einer Gruppe um Ludwig Suhl (1753–1819), Prediger an der Petrikirche zu Lübeck, gegründet. Der erste Zweck der Vereinigung, die ursprünglich 25 Mitglieder zählte, bestand darin, daß »man in regelmäßigen wöchentlichen Versammlungen, teils in Gesprächen, teils in Vorlesungen über Gegenstände der allgemeinen Geschichte, Geographie, Philosophie usw. [...] sich unterhalten wolle, so daß das vor allem für Lübecks besondere Verhältnisse nutzbar sei«. Der andere Zweck war es, gemeinnützige Tätigkeit, d. h. alles, was die Erhaltung der Existenz des Menschen zu beeinflussen vermochte, überhaupt zu befördern. Mit der Zeit wuchs die Mitgliederzahl der Gesellschaft. 1799 betrug sie 142, 1809 schon 230. Im 19. Jahrhundert war sie einer der entscheidenden Faktoren des kulturellen und wissenschaftlichen Lebens in Lübeck. Bis 1934 etwa war sie Trägerin sämtlicher Lübecker Museen.

Das Haus ist natürlich auch bei den Mann-Brüdern literarisch festgehalten: Heinrich Mann notiert in seiner typischen, leicht verfremdenden Art: »Unrat hastete die stille Straße wieder hinauf, denn er hatte einen Gedanken gehabt, dessen Richtigkeit er sofort, aber sofort, nachprüfen wollte ... Sie sollte herkommen und in dem Saal der Gesellschaft für Gemeinsinn ihre Künste sehen lassen.« In *Doktor Faustus* (1947) schreibt Thomas Mann über die Auftritte Wendell Kretzschmars : »Ein völliger Fehlschlag [...] waren die Vorträge, die er im Saal der ›Gesellschaft für gemeinnützige Thätigkeit‹ eine Saison hindurch unverdrossen abhielt und die er mit Erläuterungen am Klavier, dazu mit Kreide-Demonstrationen auf der Staffelei-Tafel begleitete.« Vorträge dieser Art (»Dienstags-Vorträge«) der Gesellschaft haben sich bis heute erhalten.

⓮ Behnhaus und Drägerhaus
Königstraße 9–11

Das klassizistische Haus Nr. 11, das heute zusammen mit dem Nachbarhaus, dem nach seinem Stifter, dem Industriellen und Mäzen Heinrich Dräger, benannten »Drägerhaus«, als »Behnhaus« zum Museum für Kunst und Kulturgeschichte der Hansestadt gehört, ist um 1780 von Peter Hinrich Tesdorpf gekauft und in der heutigen Form umgebaut worden. Nachbesitzer war der Kaufmann und Bürgermeister Matthäus Rodde, von dem es dann auf die Familie Behn überging, bis es 1921 zum Museum wurde. Die beiden Museumsbauten sind schon deshalb sehenswert, weil sie im Inneren weitgehend in einen Zustand versetzt wurden, der die Lübecker Wohnkultur des 18. und 19. Jahrhunderts zeigt, also der Zeit der Manns in Lübeck.

Emanuel Geibel

⓯ Wohnhaus von Emanuel Geibel
Königstraße 12

Das Haus gegenüber weist mit seiner Inschrift auf den zeitweisen Besitzer Emanuel Geibel hin. Er lebte hier nach seiner Rückkehr aus München von 1880 bis zu seinem Tode am 6. April 1884.

⓰ Die Reformierte Kirche
Königstraße 18

Dieses auffallend große Gebäude, das sich wohl nicht auf den ersten Blick als ein Gotteshaus erschließt, ist auf Betreiben des Vaters von Emanuel Geibel, des

Predigers und religiösen Führers der Reformierten Kirche, Johannes Geibel (1776–1853), erbaut worden. Ungewöhnlich wie das Äußere zeigt sich auch der Innenraum, denn er ist in »Zirkusform«, also halbrund, gestaltet. Damit ergab sich beiläufig auch eine Art von parlamentarischem Grundriß, was nicht zuletzt im Jahre 1848 dazu führte, daß »dem dringenden Wunsch eines Senatskommissarius, es möge der Bürgerschaft zu einigen öffentlichen Sitzungen die Kirche eingeräumt werden«, stattgegeben wurde. Leidenschaftlich erregte Volkshaufen versammelten sich nun während einer Bürgerschaftssitzung vor der Kirche und zwangen die Volksvertreter, ihre Beschlüsse anzunehmen. Das war die Szene, die Thomas Mann in den *Buddenbrooks* in einem Wortwechsel zwischen Konsul Buddenbrook und dem Anführer der Revolutionäre, Carl Smolt, so lebendig schildert:

»Smolt, wat wull Ji nu eentlich! Nu seggen Sei dat mal!

Je, Herr Kunsel, ick seg man bloß: wi wull nu 'ne Republike, seg ich man bloß ...

Öwer du Döskopp ... Ji heww ja schon een!

Je, Herr Kunsel, denn wull wi noch een!«

Soviel zur Revolution in Lübeck. Historisch nachgewiesen ist, daß es am 9. Oktober 1848, nachdem die Bürgerschaft in ihrer Sitzung mit 50:26 einen Antrag des Senats gebilligt hatte, der ein

Blick in die Königstraße mit der Reformierten Kirche (links, 5. Haus)

Innenraum der Reformierten Kirche

allgemeines und gleiches Wahlrecht für alle Bürger vorsah, zu einer Belagerung der Kirche gekommen ist. Aufgebrachte Einwohner, die für die Beibehaltung der Ständewahl plädierten, belagerten die Kirche. Interessant ist nun, daß Thomas Mann den zitierten Wortwechsel einem Bericht aus der hanseatischen Schwesterstadt Bremen entnahm, also zwei verschiedene Ereignisse in der Literatur zusammenführt. Es ist dies in der *Buddenbrooks*-Verfilmung von 1959 sicher eine der amüsantesten Szenen, dargestellt von dem Lübecker Schauspieler Günter Lüders (1905–1975) als Carl Smolt.

Schräg gegenüber beginnt die Glockengießerstraße. An der Ecke steht die ehemalige Klosterkirche der Franziskaner, die

❼ Museumskirche St. Katharinen
mit neun überlebensgroßen Terrakotta-Figuren von Ernst Barlach (1870–1938) und Gerhard Marcks (1889–1981). Die Geschichte dieser Figuren führt uns abermals in die Zeit des beginnenden Nationalsozialismus. Carl Georg Heise, von 1920 bis 1933 Museumsdirektor in Lübeck, entwickelte Ende der zwanziger Jahre den Plan, die Nischen in der Westwand der gotischen Katharinenkirche mit überlebensgroßen Skulpturen zu füllen. Ernst Barlach, 1870 in Wedel geboren und nach Jahren in Ratzeburg, Schönberg, Hamburg und Berlin, seit 1910 in Güstrow (Mecklenburg) lebend, war schon damals ein bekannter und angesehener Künstler. Deshalb suchte und fand Heise Partner, die sein Projekt unterstützten. Es gab aber poli-

tisch motivierten Widerstand. Zum einen war man aus denkmalpflegerischen Gründen dagegen, eine gotisch geprägte Fassade mit moderner Kunst zu zieren. Zum anderen wandte man sich gegen »das Zerrissene, das Leidvolle, die Qual, das Erdulden, Resignierende, mit einem Worte das Passive« in der Kunst Barlachs. Kritisiert wurde, daß er damit ein Menschenbild gestalte, das »niemals deutsche Eigenschaften« zur Grundlage habe. Heise blieb standhaft, obwohl auch seine Stellung problematisch wurde. 1932 waren schließlich drei Figuren fertig: der *Bettler*, der *Singende Klosterschüler* und die *Frau im Wind*. Danach mußte das Projekt abgebrochen werden. Heise verließ Lübeck 1933, Barlach wurde zunehmend von den Nationalsozialisten verfemt. 1934 erhielt er Ausstellungsverbot. Er starb 1938 in Rostock. Seine drei Terrakota-Skulpturen wurden während des Dritten Reiches magaziniert. Erst 1947 konnten die Figuren schließlich an der Fassade angebracht werden. Gerhard Marcks führte den Fries mit eigenen Arbeiten zu Ende. Thomas Mann schätzte Barlachs Dramen wie *Der tote Tag* (1912) und *Der arme Vetter* (1918). Letzteres nennt er »ein Werk sui generis, ausgefallen und unmöglich, grundkühn und grundsonderbar – das Stärkste und Eigentümlichste, meiner unmaßgeblichen Meinung nach, was das jüngste Drama in Deutschland hervorgebracht hat«.

Die drei Figuren von Ernst Barlach an St. Katharinen

Direkt neben der Museumskirche kommen wir zu einem zentralen Gebäude sowohl im Leben der Brüder Mann als auch für die Geisteskultur Lübecks.

⓲ Das Katharineum
Königstraße 27–31

Dieses Gymnasium entstand gleich nach der Reformation, 1531, als Lateinschule durch eine Gründung des Reformators und Luther-Freundes Johannes Bugenhagen (1485–1558). Eine Reihe von bekannten Persönlichkeiten hat diese Schule absolviert. Zu nennen wären etwa: Theodor Storm (1817–1888), Emanuel Geibel, Werner Bergengruen (1892–1964), Erich Mühsam und Gustav Radbruch.

Heinrich Mann war dort seit 1885 Schüler und brach seine Studien während des wiederholten Durchgangs der Obersekunda im September 1889 ab. Wie diese Schulzeit zu Literatur geworden ist, können wir im Roman *Professor Unrat oder das Ende eines Tyrannen* nachlesen, und wir treffen darin vermutlich auf das Vorbild für seinen Protagonisten in der Person des Oberlehrers und Bibliotheksdirektors Dr. Carl Curtius aus der gleichnamigen berühmten Lübecker Familie.

Thomas Mann besuchte die Klassen Untertertia bis Untersekunda, für die er ganze fünf Jahre benötigte, um dann, 1894, mit dem »Einjährigen« versehen, seiner Mutter und den Geschwistern nach München zu folgen. Er selbst schildert seine Schulzeit folgendermaßen: »Ich habe eine dunkle und schimpfliche Vergangenheit ... Ich bin ein verkommener Gymnasiast, nicht, daß ich

Das berühmte Katharineum

Theodor Storm, der von 1835–1837 das Katharineum besuchte, war häufig Gast im Hause des Kaufmanns und schwedischen Konsuls Nölting, wo er im Beisein von Emanuel Geibel seine ersten Gedichte vorgelesen haben soll.

Werner Bergengruen (links) mit einem Schulfreund in Lübeck, 1903. Der in Riga geborene Bergengruen wurde wie viele Kinder der deutschbaltischen Oberschicht von seinem Vater auf eine Schule im Deutschen Reich geschickt. Er empfand dies als »die schwerste Verletzung meines Lebens«. In seinen Erinnerungen berichtet er von einem sommerlichen Schulfest: »Die ganze Schule, etwa achthundert Köpfe stark, zog frühmorgens zu Fuß nach Israelsdorf, einem vor dem Burgtor mitten im Buchenwalde gelegenen Ausflugsort.« Dort wurde nach dem Choral »Lobe den Herrn« eine Festordnung verlesen, deren »markantesten Sätze lauteten: ›Jeder Schüler des Katharineums hat an diesem Tage ein munteres Wesen und jugendliche Fröhlichkeit zur Schau zu tragen.‹ Für das ein wenig Verunglückte dieser wohlgemeinten Formulierung hatte ich bereits damals ein Gefühl.«

Klassenfoto von 1890. Thomas Mann, 1. Reihe von unten, 1. von links, Armin Martens, 2. Reihe von oben, 2. von rechts

durchs Abiturientenexamen gefallen wäre – es wäre Aufschneiderei, wollte ich das behaupten, sondern ich bin überhaupt nicht bis Prima gelangt; ich war schon in Sekunda so alt wie der Westerwald. Faul, verstockt und voll liederlichen Hohnes über das Ganze, verhaßt bei den Lehrern der altehrwürdigen Anstalt, ausgezeichneten Männern, die mir – mit vollem Recht, in vollster Übereinstimmung mit aller Erfahrung, aller Wahrscheinlichkeit – den sicheren Untergang prophezeiten ... So saß ich die Jahre ab ...« Und weniger amüsant in seinem *Lebensabriß* (1930): »Ich verabscheute die Schule und tat ihren Anforderungen bis ans Ende nicht Genüge. Ich verachtete sie als Milieu, kritisierte die Manieren ihrer Machthaber und befand mich früh in einer Art literarischer Opposition gegen ihren Geist, ihre Disziplin, ihre Abrichtungsmethoden.«

Wer einen Eindruck davon erhalten will, wie im letzten Drittel des 19. Jahrhundert der Unterricht am Katharineum verlaufen, wie die Atmosphäre dieser Schule gewesen ist, dem sei die Lektüre des zweiten Kapitels im elften und letzten Teil der *Buddenbrooks* empfohlen, in dem ein Schultag Hanno Buddenbrooks akribisch beschrieben wird.

Während der Schulzeit Thomas Manns wurde die Schule umgebaut und erweitert, und auch dieses ist in *Buddenbrooks* belegt: »Es war alles neu, reinlich und schön in der Anstalt. Der Zeit war ihr Recht geworden, und die grauen und altersmorschen Teile der ehemaligen Klosterschule, in denen noch die Väter der jetzigen Generation der Wissenschaft gepflogen hatten, waren der Erde gleichgemacht, um neue, luftige, prächtige Baulichkeiten an ihrer Stelle erstehen zu lassen.« Über den beiden Eingängen der heutigen Schule sind noch die Baujahre 1889 und 1891 zu lesen.

Auch in *Tonio Kröger* spielt diese Schule eine wichtige Rolle, denn Tonios geliebter Schulfreund in der Erzählung, Hans Hansen, ist ein Klassenkamerad, genau wie sein Vorbild, Armin Martens, es gewesen ist, die erste große Liebe Thomas Manns. Ein Klassenfoto zeigt beide, den schon etwas älteren Schüler Thomas Mann und seinen Mitschüler Armin Martens.

Ein Ereignis am Katharineum sei noch erwähnt. Unter dem Pseudonym Paul Thomas brachte Thomas Mann mit einigen Freunden die erste deutsche Schülerzeitung heraus, den *Frühlingssturm* (1892/3), eine *Monatsschrift für Kunst und Litteratur*. Daß diese Zeitung zu jener Zeit keine große Chance haben würde, kann leicht aus ihrem Einführungstext herausgelesen werden: »Frühlingssturm! Ja, wie ein Frühlingssturm in die verstaubte Natur, so wollen wir hineinfahren mit Worten und Gedanken in die Fülle von Gehirnverstaubtheit und Ignoranz und borniertem, aufgeblasenen Philistertums, die sich uns entgegenstellt.« Die Ausgabe 2 war denn auch die letzte ...

Wir nähern uns dem Ende des ersten Spaziergangs, gehen die Königstraße weiter bis zur

Thomas und Katia Mann bei ihrem Besuch im Katharineum, 1955

**⓳ Löwenapotheke
Dr.-Julius-Leber-Straße 13
(Früher: Johannisstraße)**
die auf einen weiteren Literaten der Hansestadt verweist, *Erich Mühsam* (1878-1934), der mit großem Einsatz dieses denkmalwürdige Haus vor dem Verfall gerettet hat. Mühsam hat in seinen *Unpolitischen Erinnerungen* dies als sein erstes publizistisches »Meisterstück« bezeichnet.
»Eines Sonntagmorgen standen in fünf lübeckischen Zeitungen fünf verschiedene Artikel, die die erschrockenen Landsleute von der Absicht unterrichteten, die alte Stadt eines ihrer wertvollsten Baudenkmäler zu berauben, und zu allgemeinem Protest aufriefen. Der Freund hatte mir tags zuvor die Mitteilung gebracht, und ich setzte mich hin, schrieb meine fünf Aufsätze bis kurz vor Mitternacht, und Siegfried gelang es, in sämtlichen Redaktionen, deren jede natürlich glaubte, die erste und einzige Alarmbläserin zu sein, die Aufnahme noch in der Frühnummer durchzusetzen. Die Wirkung war erstaunlich. In zwei Tagen schon hatte sich ein Komitee zur Erhaltung des Hauses gebildet, der schon angesetzte Termin für die Abrißarbeiten wurde inhibiert; die Architekten erklärten, daß der Umbau der Apotheke bei Erhaltung des Unterbaus 25 000 Mark Mehrkosten verursachen werde, die »Gesellschaft zur Beförderung gemeinnütziger Tätigkeit« rief auf, die Summe durch eine Kollekte herbeizuschaffen, und in wenigen Tagen war das Geld beisammen.«

Mühsam stammte aus einem jüdischen Elternhaus. Der Vater besaß die Apotheke am Lindenplatz. (Vgl. Seite 102) Über die wesentlichen Daten zur Lebensgeschichte unterrichtet der Text *Selbstbiographie*:
»Geboren 6. April 1878 in Berlin; Kindheit, Jugend, Gymnasialbesuch in Lübeck; unverständige Lehrer, niemand, der die Besonderheit des Kindes erkannt hätte, infolgedessen: Widerspenstigkeit, Faulheit, Beschäftigung mit fremden Dingen. Frühzeitige Dichtversuche, die weder in der Schule noch im Elternhause Förderung finden, im Gegenteil als Ablenkung von der Pflicht betrachtet werden und deshalb im geheimen geübt werden müssen. Dummejungenstreiche, zuletzt – als Untersekundaner – geheime Berichte über Schulinterna an die sozialdemokratische Zeitung; daher wegen ›sozialistischer Umtriebe‹ Relegation. Ein Jahr

Erich Mühsam,
um 1915

Obersekunda in Parchim (Mecklenburg), dann Apothekerlehrling in Lübeck; 1900 Apothekergehilfe an verschiedenen Orten, zuletzt in Berlin. Als freier Schriftsteller Teilnahme an der Neuen Gemeinschaft der Brüder Hart; Bekanntschaft mit vielen öffentlich sichtbaren Persönlichkeiten. Freundschaft mit Gustav Landauer, Peter Hille, Paul Scheerbart und anderen. Bohemeleben: Reisen in der Schweiz, in Italien, Österreich, Frankreich; schließlich 1909 dauernder Wohnsitz in München; Kabarettätigkeit, Theaterkritik, schriftstellerische Tätigkeit, meist polemisch-essayistisch. Freundschaftlicher Verkehr mit Frank Wedekind und vielen anderen Dichtern und Künstlern. Drei Gedichtbände, vier Theaterstücke; 1911–1914 Herausgeber der literarisch-revolutionären Monatsschrift *Kain. Zeitschrift für Menschlichkeit,* die vom November 1918 bis April 1919 als reines Revolutionsorgan in neuer Folge erschien. Seitdem in den Händen der konterrevolutionären bayerischen Staatsgewalt.« 1924 wurde Mühsam aus der Festungshaft entlassen. Er blieb auch in den zwanziger Jahren ein wacher Beobachter des öffentlichen Lebens, der sich allerdings in kein politisches Schema einpassen ließ. Als einer der ersten Intellektuellen wurde er von den Nazis verhaftet und starb nach Mißhandlungen durch SS-Leute in der Nacht vom 9. auf den 10. Juli 1934 im Konzentrationslager Oranienburg.

Seit 1995 erinnert eine kleine Museumsecke im historischen Gewölbekeller des Buddenbrookhauses an Erich Mühsam. Ein Lebenslauf, eine Tafel mit historischen Fotografien, die die verschiedenen Lebensstationen anschaulich machen, sowie eine Vitrine, die Bücher und persönliche Gegenstände enthält, machen einen ersten Überblick über Leben und Werk dieses politischen Schriftstellers möglich. *Die Straße hinauf gelangen wir binnen kurzem wieder an unseren Ausgangspunkt, das Buddenbrookhaus, zurück.*

Das alte Lübeck mit Marienkirche und Speichern. Foto um 1900

Zweiter Spaziergang
»Dies alte Lübeck«
Marienkirche, Rathaus, Häuser der Vorfahren

Buddenbrookhaus

St. Marien

Dr.-Julius-Leber-Straße

Schrangen

Markt Rathaus

Fleischhauerstraße

Huxstraße

Kohlmarkt

Breite Straße

Königstraße

Wahmstraße

Sandstraße

Durchgang

Klingenberg

Aegidienstraße

St. Aegidien

Pferdemarkt

Mühlenstraße

Königstraße

Kapitelstraße

»Das Glockenspiel von St. Marien setzte mit einem Chorale ein: pang! ping, ping ... pung! ziemlich taktlos, so daß man nicht recht zu erkennen vermochte, was es eigentlich sein sollte, aber doch voll Feierlichkeit, und während die kleine und die große Glocke fröhlich und würdevoll erzählten, daß es vier Uhr sei, schallte auch drunten die Glocke der Windfangtür gellend über die große Diele ...«

Dieses Zitat aus den »Buddenbrooks« läutet sozusagen den Anfang unseres zweiten Spaziergangs ein: vom Buddenbrookhaus zur Ratskirche St. Marien. Über die Mengstraße und unter den Arkaden des Kanzleigebäudes geht es an der Ostseite der Kirche vorbei zum Eingang am südlichen Querarm.

❶ Das Kanzleigebäude

wird zur Mengstraße hin mit einer Renaissance-Giebelwand abgeschlossen, die deutlich auf Eingriffe späterer Umbauten verweist. Ein erneuertes Sandsteinrelief zeigt im Hauptfeld zwei Löwen, die die beiden Stadtwappen halten. Das spätmittelalterliche Verwaltungsgebäude (1480/85) wurde zweimal dem wachsenden Bedarf entsprechend verlängert (1588, 1614), bis es letztlich zur Mengstraße reichte. Hier stoßen in reizvoller Weise Renaissance (des Arkadentraktes) und Gotik (der Kirche) aufeinander.

An der Neufassung (1887) der nördlichen Schauwand des Rathauses vorbei betreten wir die Kirche.

Das Kanzleigebäude, um 1875

❷ Ratskirche St. Marien

Die Hauptkirche des Rates und der Bürger Lübecks entstand in drei hauptsächlichen Bauphasen vom Beginn des 13. Jahrhunderts bis zur Mitte des 14. Jahrhunderts und erreichte bis 1444 nach dem Einbau der Kapellen ihre endgültige Gestalt. Die Kirche ist eine hochgotische Basilika nach dem Vorbild französischer Kathedralen unter Verwendung des hiesigen Baumaterials, des Backsteins. Nahezu vier Millionen Steine im sogenannten Klosterformat umfassen einen Raum von 135 000 Kubikmetern die Türme sind 125 Meter hoch, das Mittelschiff reicht bis auf die ungewöhnliche Höhe von

38,5 Metern hinauf, die der des höchsten Mittelschiffs der Welt, in Amiens, mit 42 Metern, nahekommt.
Die Kirche ist eng verbunden mit zwei Namen, dem Bildschnitzer und Maler Bernt Notke (um 1440–1509) sowie dem Organisten und Komponisten Dietrich Buxtehude (1637–1707).
Bernt Notke, der Meister so berühmter Kunstwerke wie der Triumphkreuzanlage im Lübecker Dom (1477) oder der St.-Jürgen-Gruppe in der Stockholmer Storkyrka (1489), von der eine Kopie in der Museumskirche St. Katharinen in Lübeck steht, ist in der ausgehenden katholischen Zeit in Norddeutschland, den baltischen Ländern und im gesamten Norden Europas der wohl bekannteste und erfolgreichste Künstler gewesen. Er ist auf eine Stufe zu stellen mit Veit Stoß (um 1448–1533), Tilman Riemenschneider (um 1460 – 1531) und Matthias Grünewald (um 1470/80 – vor 1528), um nur einige seiner Zeitgenossen zu nennen. Notke steht am Ende einer für Lübeck höchst erfolgreichen Zeit kirchlicher Kunst, die sich nicht nur bis heute in der Stadt zeigt, sondern als Exportartikel den Ruhm der Hansestadt mehrte. Er stammte aus dem herrschenden Stadtadel, was zu seiner Zeit höchst ungewöhnlich war, kamen doch die Maler und Bildhauer jener Epoche durchweg aus dem Handwerkerstand. Für Notke öffneten sich dadurch Tür und Tor zu Fürsten, Bischöfen und städtischen Würdenträgern.

An der Ausführung seiner Werke wird auch die Arbeitsweise jener Zeit deutlich, denn der Künstler bediente sich einer Werkstatt mit einer Reihe von Spezialisten für verschiedene Techniken, was an den beiden genannten Monumentalwerken besonders gut nachzuvollziehen ist.

Für St. Marien sind noch zu nennen: die *Gregorsmesse,* ein Gemälde im Format 250 Zentimeter hoch und 357 Zentimeter breit, das 1942 verbrannt ist, die Grabplatte des Kaufherrn Herman Hutterock (1505), die sich in der Gebetskapelle im nördlichen Chorumgang unter der Totentanzorgel (von 1986) befindet, und natürlich der 26 Meter lange *Totentanzfries,* mit dem Bernt Notke 1463 (oder 1466) erstmals in Lübeck bekannt wurde, der aber im Laufe der Zeit verfiel. Eine Replik von 1701 verbrannte ebenfalls in der Nacht vom 28. auf den 29. März 1942, was zu der heutigen Fassung als Doppelfenster

Bernd Notke, Selbstbildnis

Bernd Notke, »Der Totentanz« (Ausschnitt)

(1954/56) des lange in Lübeck wirkenden Künstlers und Kunstlehrers Alfred Mahlau (1894–1967) an historischer Stelle führte.

Thomas Mann schätzte Notkes Werk als einen authentischen Ausdruck für seine Vorstellung vom alten Lübeck. So schreibt er am 29. September 1921 an den Freund Ernst Bertram (1884–1957): »Lübeck ist überhaupt die Stadt des Totentanzes, und ich habe viel davon abbekommen.«

Dietrich Buxtehude wurde Michaelis 1660 zum Organisten an der Marienkirche im gerade schwedisch gewordenen Helsingborg bestimmt. Das ist das erste verbindliche Datum im Leben des nach Heinrich Schütz (1585–1672) und vor J. S. Bach (1685–1750) berühmtesten Kirchenkomponisten seiner Zeit, der auch heute noch einer der meistgespielten ist. Nach einem Zwischenspiel im dänischen Helsingør kam Buxtehude am 11. April 1668 nach Lübeck, wo er in einer Art von bedingender Tradition nicht nur den Organistenstuhl in Besitz nahm, sondern auch gleich die Tochter seines Vorgängers, Franz Tunder (1614–1667), heiratete. Dieser wiederum hatte bei seinem Amtsantritt die Witwe seines Vorgängers Petrus Hasse geehelicht, und später wird der Nachfolger Buxtehudes, Johann Christian Schieferdecker, dessen Tochter Anna Margaretha heiraten.

Fast vierzig Jahre lebte und wirkte Buxtehude in Lübeck und erwarb sich weithin einen Ruf als beliebter Komponist, außerordentlich begabter Organist und als fähiger Lehrer. Zu seinen Schülern zählen eine Reihe späterer Organisten in führenden Positionen, aber auch berühmte Kollegen wie G. F. Händel (1685–1759) und J. S. Bach, der eine Beurlaubung von Arnstadt/Thüringen (1705) um mehr als zwei Monate Buxtehudes wegen überzog, dann aber eiligst zurückkehrte, als er in Lübeck zwei Dinge angeboten bekam, die Organistenstelle – und die Hand der Tochter Buxtehudes ...

Zu den ihn weit überdauernden Eindrücken gehören die *Lübecker Abendmusiken*, die unter Buxtehude zu ungeahnter Blüte gelangten. An fünf Sonntagen um den Ersten Advent herum veranstaltete Buxtehude im Anschluß an die Nachmittagsmesse Konzerte, die Zulauf von weit her erhielten und wegen der hohen Kosten für Orchester und Sänger von den hansischen Kaufherren »gesponsert« wurden.

Von Buxtehudes Kompositionen sind erhalten: mehr als 100 Orgelwerke, etwa 120 Kantaten und Vokalwerke sowie acht Hochzeitskantaten für Freunde und angesehene Bürger Lübecks, 14 Trio-Sonaten und weitere Kammermusik, 21 Suiten und sechs Variationswerke für Cembalo und einige wenige Kanons als Gelegenheitsmusiken. Außerdem wird ihm das Oratorium *Das Jüngste Gericht* aus den Abendmusiken zugeschrieben.

Die Orgelmusik und der Organist von St. Marien kommen auch am Ende der *Buddenbrooks* vor: Hanno Buddenbrook darf seinem Klavierlehrer, dem Marienorganisten Edmund Pfühl, zeitweilig assistieren.

Gemälde von 1675
2. von rechts: vermutlich Dietrich Buxtehude

»Manchmal auch, am Sonntag, durfte der kleine Buddenbrook dem Gottesdienst in der Marienkirche droben an der Orgel beiwohnen, und das war etwas anderes, als unten mit den anderen Leuten im Schiff zu sitzen. Hoch über der Gemeinde, hoch noch über Pastor Pringsheim auf seiner Kanzel saßen die beiden inmitten des Brausens der gewaltigen Klangmassen, die sie gemeinsam entfesselten und beherrschten, denn mit glückseligem Eifer und Stolz durfte Hanno seinem Lehrer manchmal beim Handhaben der Register behilflich sein.«

Von St. Marien-Pastoren sind beide Brüder Mann getauft, Heinrich am 7. Mai 1871, Thomas am 11. Juni 1875 (Konfirmation Ostern 1880). Die Pastoren der Ratskirche waren wiederholt Gäste in der Mengstraße 4, so der Hauptpastor Leopold Friedrich Ranke (1842–1918), als Pastor Andreas Pringsheim in *Buddenbrooks* nachgezeichnet. Der Pastor Ludwig Adolf Trummer (1832–1911) findet sich ebenfalls, als Pastor Kölling, im Roman wieder: »... Pastor Kölling von St. Marien, ein robuster Mann mit dickem Kopf und derber Redeweise ...«

Wir bleiben auf diesem Gang im südlichen Seitenschiff und gehen bis zur Gedenkkapelle mit den 1942 herabgestürzten Glocken unter dem Süderturm.

❸ Glockenkapelle

Die Glockenkapelle dokumentiert ein schmerzliches Datum für die Hansestadt, die Nacht vom 28. auf den 29. März (Palmsonntag) 1942, in der die Royal Air Force ein Fünftel Lübecks in

Thomas Mann in St. Marien, 1955

Schutt und Asche legte, ein Vergeltungsschlag für die Zerstörung der englischen Stadt Coventry und der Alten Kathedrale aus dem 14. Jahrhundert durch die deutsche Wehrmacht, Ende 1940. Thomas Mann kannte diesen Zusammenhang und bezog sich in einer Rundfunkansprache (*Deutsche Hörer!*) im April 1942 auf diesen Tatbestand: »Beim jüngsten raid [Luftangriff] über Hitlerland hat das alte Lübeck zu leiden gehabt. Das geht mich an, es ist meine Vaterstadt.[...] und lieb ist es mir nicht, zu denken, daß die Marienkirche, das herrliche Renaissance-Rathaus oder das Haus der Schiffer-Gesellschaft sollten Schaden gelitten haben. Aber ich denke an Coventry – und ich habe nichts einzuwenden gegen die Lehre, das alles bezahlt werden muß.«

Man hat diese Äußerungen in Lübeck natürlich nicht gern gehört, und sie haben sicher mit dazu beigetragen, daß Thomas Mann nach dem Ende des Zweiten Weltkrieges hier und überhaupt im Nachkriegsdeutschland viele Gegner hatte. Unbeeindruckt davon hat Thomas Mann 1946 in einem Telegramm an den damaligen Chefredakteur der *Lübecker Nachrichten* mitgeteilt, daß er seinen deutschen Verleger Peter Suhrkamp angewiesen habe, seine Honorare zum Wiederaufbau, unter anderem der Marienkirche, zu verwenden. In diesem Sinne hat er zur 700-Jahr-Feier der Kirche, am 1. September 1951, geschrieben: »Von der Kanzel der Marienkirche herab, in deren Schatten das Haus meiner Großeltern stand, deren Glockenspiel in meine Kindheit hineinklang, und in der ich konfirmiert wurde, ist allezeit viel die Rede gewesen von Tod und Auferstehung. Im 13. Jahrhundert waren es reiche Bürger, die zur Ehre Gottes und ihrer Stadt ihre Mittel an die Errichtung des herrlichen Bauwerks wandten. Heute trägt [...] noch der Ärmste sein Scherflein bei, damit es aus dem traurigen Zustande, worin das Erdbeben der Zeit es versetzt, langsam zu alter Würde und Schönheit wieder erstehe.«

Das silberne Kreuz links in der Kapelle ist nach dem Nagelkreuz der Alten Kathedrale von Coventry gestaltet und

Franziska Gräfin zu Reventlow

stellt ein historisches Dokument, aber auch ein Zeichen der Versöhnung dar. Die Marienkirche ist auch noch in einer anderen Hinsicht für das literarisch-kulturelle Leben Lübecks von Bedeutung geworden, sie verweist nämlich auf *Franziska Gräfin zu Reventlow* (1871–1918), die, in Husum geboren und aufgewachsen, mit ihren Eltern 1889 nach Lübeck zog. Das Haus in der Moislinger Allee 30 ist leider nicht mehr erhalten. Ein Brachgelände ist heute dort zu finden. Franziska zu Reventlow besuchte in Lübeck das Lehrerinnenseminar und war Mitglied im Ibsen-Club, einer Vereinigung junger Lübecker, die in dem Werk des norwegischen Dramatikers ihre eigenen Lebensprobleme, vor allem die Auseinandersetzung der jungen Generation mit den Eltern, dargestellt fanden. Ein Mitglied des Clubs war Emanuel Fehling (geb. 1873), Sproß einer der großen alten Familien Lübecks. Zwischen den beiden entspann sich ein Liebesverhältnis, das aus Standesgründen geheimgehalten werden mußte. Man traf sich heimlich, sehr oft in der Marienkirche, die hier, wie das folgende Zitat zeigt, aus einer ganz ungewöhnlichen Perspektive gesehen wird.

»Eben komme ich nach der so schmählich zerrissenen Zusammenkunft in der Marienkirche zurück, der Schrecken sitzt mir noch in den Gliedern; aber wir können dem Himmel danken, daß wir entronnen sind; ich freute mich sehr, Sie zu sehen, aber es war wie gewöhnlich sehr stürmisch und kurz und dann kommt man ja nie ordentlich ins Gespräch. Was hätte der Alte wohl gesagt, wenn er uns da gesehen hätte, und erst die Tante, das hätte einen guten Klatsch gegeben.« So schreibt Franziska zu Reventlow an Emanuel Fehling am 19. April 1890.

Die Beziehung mit Emanuel Fehling blieb eine Jugendliebe. 1893 verließ Franziska zu Reventlow Lübeck und heiratete in Hamburg einen Assessor, der ihr ein Malstudium ermöglichte. Sie lebte dann vor allem in München. Ihr Bohemeleben führte bald zur Scheidung. Um für ihren Sohn sorgen zu können, arbeitete sie als Übersetzerin und schrieb Kurzgeschichten etwa für den *Simplizissimus*. Ein entscheidender Wendepunkt in ihrem Leben war die Freundschaft mit Ludwig Klages. Diese Beziehung war Anstoß für ihren autobiographischen Roman *Ellen Olesterne* (1903). Durch ihre Bekanntschaft mit dem Dichter Karl Wolfskehl kam sie auch in Kontakt mit Stefan George und seinem Kreis. Die letzten Lebensjahre verbrachte sie in der Nähe von Ascona.

Wir verlassen die Kirche und überqueren den Kirchplatz in halbrechter Richtung auf einen Gang zu, durch den man auf den Markt gelangt.

❹ Markt und Rathaus

Markt und Rathaus sind Zeugen der Größe Lübecks in der Hansezeit, die ihren Höhepunkt um 1370 erreicht. Die erste Erwähnung des Rathauses ist für 1230 zu belegen, und seine Vollendung kann mit dem Bau der Renaissance-Treppe (1594) an der Ostseite (Breite Straße) datiert werden. Nach dem Sieg über Frankreich (1871) wurden ein neogotisches Postgebäude an der Westseite des Platzes und ein Siegesbrunnen in der Mitte gebaut.

Die Gesamtanlage wird von beiden Brüdern wiederholt zitiert. So bei Heinrich Mann in *Professor Unrat*: »Beim Rathaus lenkte er auf den Markt und machte die Runde unter den Lauben. Bogen, Türme und Brunnen stachen ihre von Arabesken umrankten Schattenrisse in die gotische Mondnacht. [...] Dabei prüfte er eifrig jedes einzelne Fenster der Post und des Polizeiamtes.« Und bei Thomas Mann heißt es in *Buddenbrooks*: »In der Breiten Straße, vor dem Rathaus mit seiner durchbrochenen Glasurziegelfassade, seinen spitzen Türmen und Türmchen, die gegen den grauweißlichen Himmel stehen, seinem auf vorgeschobenen Säulen ruhenden gedeckten Treppenaufgang, seinen spitzen Arkaden, die den Durchblick auf den Marktplatz und seinen Brunnen gewähren ... vorm Rathause drängen sich mittags um ein Uhr die Leute.« Die Rathausarkaden werden wiederholt erwähnt, erstaunlicherweise mit zwei verschiedenen Beschreibungen. Zu Beginn des Romans heißt es: Tony »kannte die graubärtigen Meister in den kleinen, hölzernen Goldschmiedebuden, die in die Marktarkaden hineingebaut waren ...« 600 Seiten weiter aber findet sich dieses Zitat: »...Unter den Spitzbogen der Rathausarkaden hatten die Fleischer ihre Stände und wogen mit blutigen Händen ihre Ware ab.« Auch in *Tonio Kröger* läßt der Autor dort die Schlachter ihres Amtes walten: »Auf den Markt ging er, unter den Bogengewölben des Rathauses hindurch, wo Fleischer mit blutigen Händen ihre Ware wogen, auf den Marktplatz, wo hoch, spitzig und vielfach der gotische Brunnen stand.« Diese Variation ist ungewöhnlich, beschreibt Thomas Mann Lübeck doch ansonsten in ungewöhnlich präziser Weise. Die Goldschmiede hatten in der Tat ihre Buden unter den Arkaden, während die Fleischer ihren eigenen Markt ganz in der Nähe hatten, auf dem Schrangen, dort, wo sich heute ein Kaufhaus befindet. Das Beispiel lehrt, daß auch bei Thomas Mann der Realismus niemals zum Selbstzweck wird, denn es ist Thomas Buddenbrook, der das Blut der Fleischer sieht – wenige Stunden vor seinem Tod, auf den so vorausdeutend verwiesen wird.

Der Lübecker Markt, um 1870

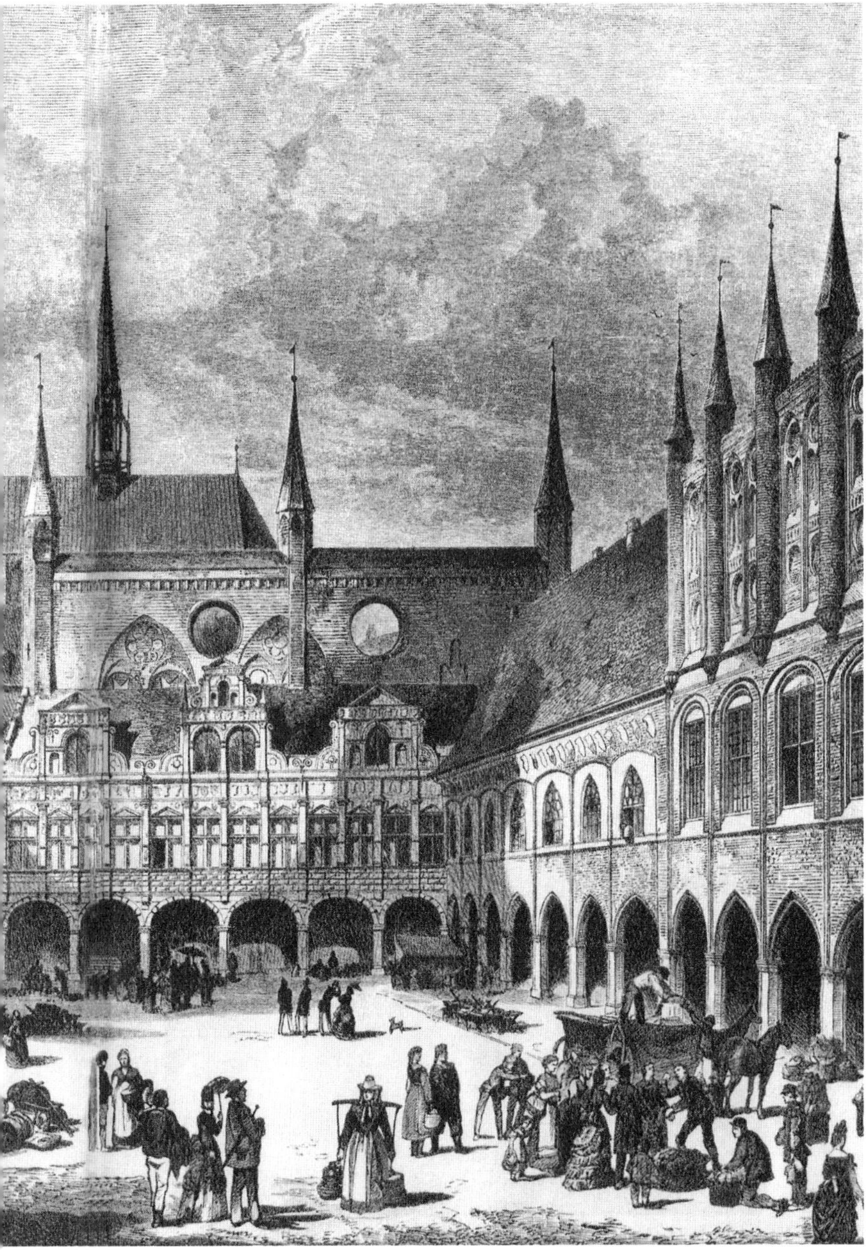

Das Rathaus von der Ostseite. Unterhalb der Renaissance-Treppe: der »Germanistenkeller«.

❺ Blick auf das Rathaus von der Breiten Straße aus

Unser Weg führt unter den Arkaden hindurch auf die Breite Straße, an die Ostseite der Rathausfront. Auffällig ist dort die erwähnte Renaissance-Treppe in heute restaurierter Form, der geschnitzte Erker (1586) und der gotische Eingang mit zwei 1452 gegossenen Beischlagwangen und dem Türzieher, den Kaiser mit den sieben Kurfürsten darstellend. Rechts hinter dem Eingang liegt der Audienzsaal, 1754/61 von Stefano Torelli spätbarock ausgemalt.

Über einen Besuch dieses »neuen« Audienzsaales hat Johann Heinrich Voß (1751–1826) sich wenige Jahre nach der Fertigstellung geäußert:

»Eben komme ich vom Lübekischen Rathause. Der alte Audienzsaal ist mit gothischem Schnitzwerke geziert, dunkel, und mit Steinen gepflastert; darin saßen die alten Bürgermeister auf alten breternen Bänken, und beschlossen Krieg und Frieden. Der neue Audienzsaal ist schön getäfelt, von einem Italiäner ausgemalt und vergoldet. Hier sizen die neuen Herrn Consules auf sammtnen Canapees, und gaffen zuweilen die Fahnen an, die ihre Väter eroberten. Ich habe nur den ersten, altdeutschen mit Ehrfurcht betreten.«

In diesem Audienzsaal wurde Thomas Mann am 20. Mai 1955 mit der Ehrenbürgerschaft seiner Vaterstadt geehrt, spät und lediglich mit einer Stimme Mehrheit im Senat. Ein Auszug aus seiner Dankesrede schlägt den Bogen zu seinem Vater, dem Senator, und zum alten Lübeck, zu dessen Wohl dieser gewirkt hatte:

»Noch sehe ich ihn, den Zylinder lüftend, zwischen den präsentierenden Infanterie-Wachtposten vorm Rathaus hindurchgehen, wenn er eine Senatssitzung verließ, sehe ihn mit eleganter Ironie den Respekt seiner Mitbürger entgegennehmen und habe nie die umfassende Trauer vergessen, mit der, als ich fünfzehn Jahre alt war, seine Stadt, die ganze Stadt, ihn zu Grabe brachte. Ich kann wohl sagen: sein Bild hat immer im Hintergrunde gestanden all meines Tuns, und immer hab' ich's bedauert, daß ich ihm zu seinen Lebzeiten so wenig Hoffnung machen konnte, es möchte aus mir in der Welt noch ir-

gend etwas Ansehnliches werden. Desto tiefer ist die Genugtuung, mit der es mich erfüllt, daß es mir gegönnt war, meiner Herkunft und dieser Stadt, wenn auch auf ausgefallene Weise, doch noch etwas Ehre zu machen.«
Ein kurzes Wegstück links vom Haupteingang des Rathauses führt eine Treppe hinab in den Germanistenkeller.

Oben: Der Audienzsaal des Lübecker Senats im Rathaus, um 1900.
Hier wurde Thomas Mann am 20. Mai 1955 die Ehrenbürgerwürde verliehen (rechts).

❻ Der Germanistenkeller

Der Name rührt daher, daß hier der Abschlußempfang der Germanistenversammlung stattfand, die vom 27. bis 30. September 1847 in Lübeck getagt hatte. Auf Einladung des Vereins für Lübeckische Geschichte und Altertumskunde und unter dem Vorsitz von Jacob Grimm, dem Juristen und Begründer der Wissenschaft von der deutschen Sprache und Dichtung, waren 170 Teilnehmer aus ganz Deutschland nach Lübeck gekommen. Die Themen der Vorträge bezogen sich auf die drei Bereiche Rechtswissenschaft, Geschichte und Sprache. Getagt wurde in der Reformierten Kirche (vgl. Seite 60 ff.), in der Kriegsstube des Rathauses, im Saal der Loge zur Weltkugel und im Saal der Gesellschaft zur Beförderung gemeinnütziger Tätigkeit (vgl. Seite 59 f.)

In den Jahren vor 1848 mußte eine solche Germanistenversammlung immer mehr sein als eine rein wissenschaftliche Veranstaltung. Sie wurde dann auch von den Zeitgenossen in einem engen Zusammenhang mit den Bestrebungen gesehen, einen einheitlichen deutschen Nationalstaat zu schaffen. Heinrich von Treitschke (1834–1896) nannte die Germanistenversammlungen die »geistigen Landtage des deutschen Volkes«.

❼ Café Niederegger
Breite Straße 89

Gegenüber in der Breiten Straße, an der Ecke zur Hüxstraße, steht das Cafe Niederegger. Von hier stammt das Marzipan, das Lübeck in aller Welt berühmt gemacht hat. Ehe wir diese schmale

Jacob Grimm, hier mit dem Orden Pour le Mérite (Stich nach einem Gemälde von C. Begas), schrieb die folgenden Worte in das Teilnehmeralbum der Germanistenversammlung 1847 in Lübeck: »Hansa ist das älteste deutsche wort für schaar und gesellschaft. Es muß noch einmal eine stärkere deutsche hansa als die alte war sich auf dem meere schaaren.«

Gasse hinabgehen, um uns dann nach rechts in die Königstraße zu wenden, sei ein Marzipan-Zitat Thomas Manns erwähnt:

»... so drängt sich die Vermutung auf, daß da der Orient im Spiel ist, daß man ein Haremskonfekt vor sich hat, und daß wahrscheinlich das Rezept dieser üppigen Magenbelastung aus dem Morgenlande über Venedig nach Lübeck an irgendeinen Herrn Niederegger gekommen ist.« Thomas Mann zeigt hier eine Möglichkeit der Namensherkunft des Wortes Marzipan auf: Der Schutzpatron Venedigs ist der Heilige »Marcus« und das lateinische Wort für Brot heißt »panis«, was verschmolzen auf »Marzipan« hinweisen könnte.

In der Königstraße kommen wir auf der linken Seite an einem der schönsten Rokoko-Häuser Lübecks vorbei (Nr. 81) und erreichen nach wenigen Schritte die Wahmstraße, in die wir nach links einbiegen. Wir gehen auf der rechten Seite und werfen im Vorbeigehen einen Blick auf die Häuser Nr. 31–37, deren Fassaden eine Besonderheit der zweiten Hälfte des 16. Jahrhunderts aufweisen: Terrakotta-Medaillons des Statius von Düren (gest. vor 1570?), von dem auch Arbeiten am »Fürstenhof« in Wismar und im Innenhof des Schweriner Schlosses erhalten sind. Am Haus Nr. 46 befindet sich ein »Durchgang«, den wir benutzen, um in eine der ganz typischen Wohngänge des ausgehenden Mittelalters zu gelangen. Neben der Fassadenvielfalt gehören diese Gänge zu den absoluten Sehenswürdigkeiten der Stadt. Zu den Zeiten der Manns hat

Der »Durchgang«, ein typischer Lübecker »Wohngang«

es nahezu 200 solcher einfachen Wohnanlagen gegeben, und noch heute werden fast 80 bewohnt. Einfache »Buden« säumen diese vielfältig angelegten Gänge, die gebaut wurden, als die Stadt ihre stetig wachsende Bevölkerung nicht mehr innerhalb der Stadtmauern aufnehmen konnte. Dieser Durchgang ist weitgehend historisierend wieder aufgebaut worden; lediglich das Haus Nr. 22 ist als historisch zu bezeichnen. Am Ende des Ganges achte man auf die außerordentlich geringe, aber typische Kopfhöhe im Durchgang zur Ägidienstraße. Dort angekommen, halten wir uns nach rechts und stehen dann vor dem auffälligen, gelb gestrichenen Geschäftshaus Nr. 22.

Ägidienstraße. Rechts der erste Sitz der Firma Johann Siegmund Mann

❽ Ägidienstraße 22

Hier befindet sich seit 1848 der Stammsitz der Firma G. C. Hahn & Co. Vorbesitzer war Johann Siegmund Mann d. Ä. (1761–1848), der Urgroßvater der Dichterbrüder und Gründer der Firma »Johann Siegmund Mann Commisions- und Speditionsgeschäft« im Jahr 1790. Der Lübecker Ahnherr war 1775 aus Rostock nach Lübeck in eine Kaufmannslehre gekommen. In den *Buddenbrooks* ist er Johann Buddenbrook d. Ä.

An der nächsten Straßenkreuzung mit der Königstraße halten wir uns links, nicht ohne kurz nach rechts in die Königstraße zu blicken.

Der Firmengründer und Urgroßvater der Brüder Mann: Johann Siegmund Mann d. Ä., um 1840

❾ Königstraße 101

Dort, wo sich heute inzwischen ein Geschäft für Bürobedarf befindet, stand von 1856–1872 das »Pensions- und Erziehungs-Institut« der »Wwe., sel. Joachim Christian Bousset«. Diese Witwe, Therese Bousset (1811–1895), ist *Buddenbrooks*-Lesern wohl bekannt als Sesemi Weichbrodt, deren Name auf eine Seitenlinie der Manns verweist. Thomas Mann verlegt das Pensionat in die südliche Vorstadt St. Jürgen, im Anschluß an die Mühlenstraße, an den »Mühlenbrink Numero 7«. In dem realen Haus Brink 10b hat Therese Bousset ihr letztes Lebensjahr verbracht. Und dort, gleich um die Ecke, in der Klosterstraße 5, hat Thomas Mann im Hause des Gymnasialprofessors Gottlieb Hempel von 1893–94 gewohnt, nachdem seine Mutter mit den Geschwistern Julia, Carla und Viktor schon nach München umgezogen war. Die Mutter hat nach ihrer Übersiedlung von Brasilien als junges Mädchen das Institut der Therese Bousset in der Königstraße besucht, genau wie die Romanfiguren Gerda Arnoldsen und Tony Buddenbrook, diese aber, wie gesagt, am Mühlenbrink Numero 7.

Die Königstraße stößt nach wenigen Schritten auf die schon erwähnte Mühlenstraße, die wir etwas diagonal nach links kreuzen.

❿ Mühlenstraße 44

An dieser Stelle (heute der regenbogenfarbene Eingang eines großen Bekleidungsgeschäftes) lag ein Wirtshaus mit dem Namen »Im blauen Engel«, womit wir wieder einen Sprung zu *Professor Unrat* machen. Da Heinrich Mann im Gegensatz zu seinem Bruder sehr frei mit den tatsächlichen Gegebenheiten der Stadt umgegangen ist, verwundert es nicht, daß er den »Blauen Engel« des Romans themengerechter an den Hafen verlegt hat.

Im Roman handelt es sich um »ein weitläufiges Haus mit ungeheurem Scheunentor, worüber vor dem Bilde eines blauen Engels eine Laterne schaukelte«. Nach dem Eintritt bietet sich dem Leser die folgende Szenerie: »Die ›Diele‹ war ungeheuer breit und lang,

Seite aus dem Programmheft zum Film »Der blaue Engel« von 1930

Blick in die Mühlenstraße, um 1875
Rechts: Die Gastwirtschaft
»Im blauen Engel«

die ehrliche Diele eines alten Bürgerhauses, worin nun ›Nebendinge‹ getrieben wurden. Links kam aus einer halboffenen Tür Töpferasseln und Feuerschein. Über dem Eingang rechts stand ›Saal‹; und dahinter war ein dumpfer Wirrwarr von Lauten, woraus manchmal ein sehr schriller hervorstach. Unrat zauderte, ehe er die Klinke drückte; er spürte darin eine Handlung, schwer von Folgen ... Ein sehr dicker, völlig unbehaarter kleiner Mann, der Bier trug, kam ihm entgegen. Er hielt ihn an. – ›Verzeihen Sie‹, stammelte er, ›wäre die Künstlerin Fröhlich wohl zu sprechen?‹«

Wir biegen jetzt in eine enge Gasse, die Kapitelstraße, ein. Auf der linken Seite empfehlen wir einen Blick in die Diele des Hauses Nr. 5. Sie ist ein sehr schönes Beispiel für den Typus der Lübecker Diele, der sich so und in Variationen immer wieder in der Stadt nachweisen läßt.

⓫ Wohnhaus von Carl Friedrich von Rumohr
Kapitelstraße/Ecke Pferdemarkt

An der rechten Seite, an der Ecke zum Pferdemarkt, wohnte in seinen letzten beiden Lebensjahren *Carl Friedrich von Rumohr* (1785–1843). Er entstammte einer alten holsteinischen Adelsfamilie, die um Lübeck eine Anzahl großer Güter besaß und in Lübeck das Haus Schildstraße 12 (wenige Häuser von der Ägidienstraße 22 entfernt) bewohnte. Mit der bestmöglichen Erziehung und Ausbildung versehen, entwickelte sich der wohlhabende Junggeselle zu einem Universalgelehrten, dessen Hauptinteresse der Kunstgeschichte, vornehmlich der italienischen, galt. So ist sein dreibändiges Hauptwerk *Italienische Forschungen* (ab 1827) diesem Bereich gewidmet, womit er zu einem der Väter der modernen historischen Kunstforschung wurde. (Wilhelm von Humboldt: »... seit Winkelmann der erste neue Schritt zu einer wahrhaftigen Kunstansicht.«) Die Bandbreite seiner Begabungen mögen zwei weitere Titel belegen: *Reise ... in die Lombardey ...* (1838) unter dem Aspekt der dortigen Bewässerungssysteme und *Geist der Kochkunst von Joseph König* (J. K. war sein Koch), das 1965 im Auftrag der Gastronomischen Akademie Deutschlands neu aufgelegt worden ist.

Besonders hingewiesen sei auf sein Kunstinteresse. Rumohr war ein engagierter Sammler von Kunst. Allein seine Sammlung von Kupferstichen um-

Carl Friedrich von Ruhmohr.
Gemälde von Fr. Carl Groeger

auswirkte. So ist ihm die Ratsverordnung von 1838 zu verdanken, derzufolge Kunstgegenstände aus Kirchen nur nach Genehmigung verkauft oder vernichtet werden dürfen, was den Beginn einer Denkmalschutz-Initiative nicht nur in Lübeck, sondern in ganz Deutschland auslöste. Auch der Grundbestand der Lübecker Museen geht auf seine engagierte Tätigkeit zurück.

Zu seinen Lebzeiten war der schwierige und eigenwillige, homoerotische Rumohr bekannt und befreundet mit den Großen seiner Zeit, von Goethe zu den Gebrüdern Humboldt, von Papst Leo XII. zu Ludwig I. von Bayern und Friedrich Wilhelm IV. von Preußen. Der Prediger Geibel, der Vater des Dichters, faßte das Widersprüchliche im Wesen Rumohrs nach seinem Tod so zusammen: »... ein glänzender Stern, aber ein Irrstern.«

Rechts herum gelangen wir dann in den Pferdemarkt und gehen bis zum

faßte mehr als 4500 Blätter, die später zum Grundstock des Berliner Kunstkabinetts wurden. Er war auch ein Förderer junger Künstler: Franz Horny (1798–1824), Friedrich Nerly, eigentlich Nehrlich (1807–1878), der in Lübeck wohlbekannte Carl Julius Milde (1803–1875) und die »Nazarener« mit dem in Lübeck geborenen Friedrich Overbeck (1789–1869) an ihrer Spitze, dessen großes Werk »Einzug Christi in Jerusalem« nur durch Rumohrs finanzielle Beteiligung nach Lübeck gelangte – und ein Vorkämpfer für den Erhalt historischer Kunstdenkmäler, was sich gerade für Lübeck in besonderer Weise

⓬ Pferdemarkt 7

Dieses Haus, das 1799 erbaut wurde, bewohnte Johann Siegmund Mann d. J. (1797–1863) von 1825 bis Ostern 1842, um dann in die Mengstraße umzuziehen. Der Vater der Mann-Brüder, Thomas Johann Heinrich Mann (1840–1891), wurde hier geboren.

Rechts: Johann Siegmund Mann d. J., der Großvater der Brüder Mann, um 1860

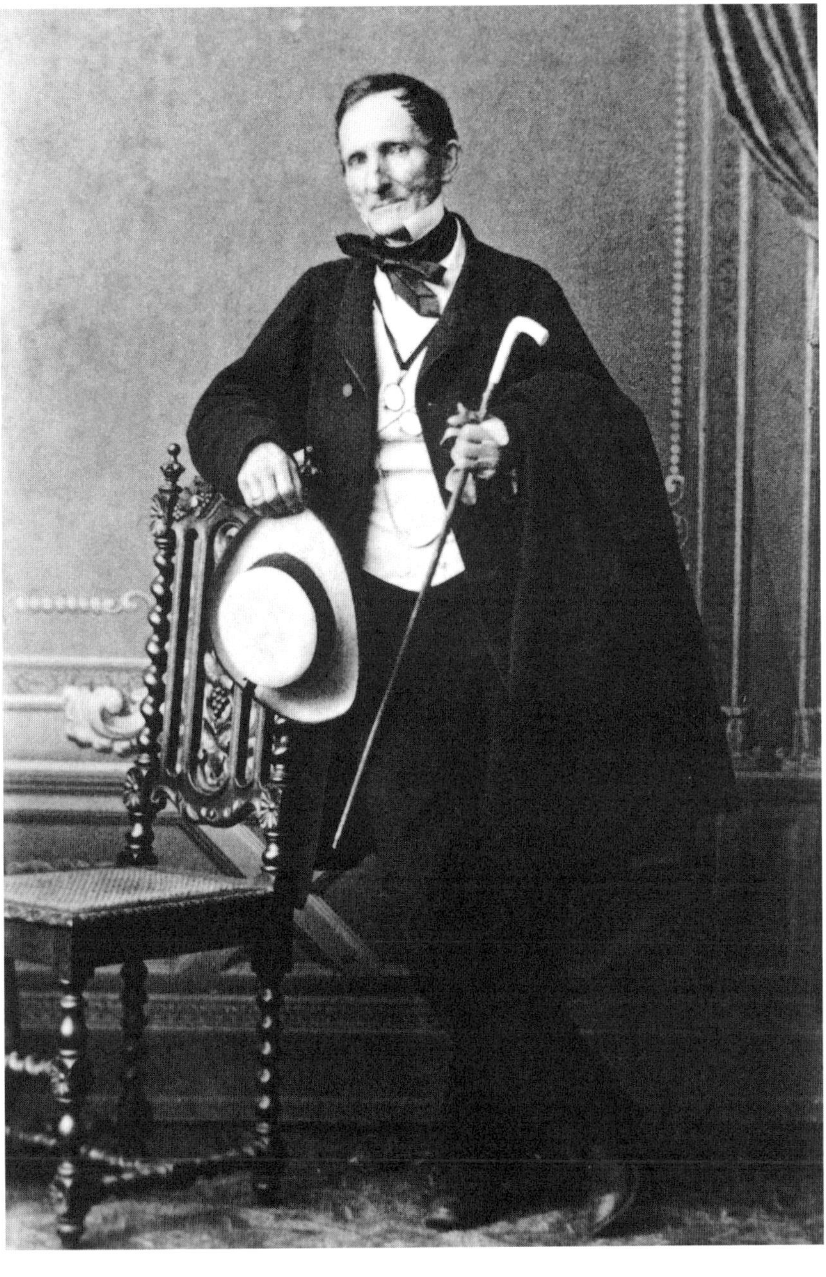

Blick vom Hause Pferdemarkt 7, Geburtshaus von Johann Siegmund Mann d. J., dem Vater von Heinrich und Thomas Mann, um 1880

Mit ein paar Schritten sind wir am Klingenberg. Dort bezog der frisch verheiratete Johann Siegmund Mann d. Ä. seine erste eigene Wohnung (1794), eine Etage im Haus Klingenberg 811 (heute Sandstraße 23).

⓭ Klingenberg 1–5

An der Stelle der heutigen Volksbank stand bis zur Zerstörung 1942 das berühmte »Hôtel Stadt Hamburg«, das in *Buddenbrooks* Bendix Grünlich als Quartier dient und das in *Tonio Kröger* wie folgt erwähnt wird: »In der oberen Stadt gab es Bogenlampen, und eben erglühten sie. Da war das Hotel, und es waren die beiden schwarzen Löwen, die davor lagen, und vor denen er sich als Kind gefürchtet hatte. Noch immer blickten sie mit einer Miene, als wollten sie niesen, einander an; aber sie schienen viel kleiner geworden seit damals.« Die zitierten eisernen Löwen (1823) von Christian Daniel Rauch (1777–1857) »bewachen« heute das Holstentor. Wir treffen sie auf unserem dritten Gang (vgl. Seite 104).

Im September 1899, auf der Fahrt in das dänische Seebad Aalsgaard übernachtete Thomas Mann im »Hôtel Stadt Hamburg«. Aus dieser Zeit stammen die frühesten Notizen zu seiner Erzählung *Tonio Kröger*.

**Rechts:
Das »Hôtel Stadt Hamburg«, um 1900
Die schwarzen Löwen bewachen heute
das Holstentor.**

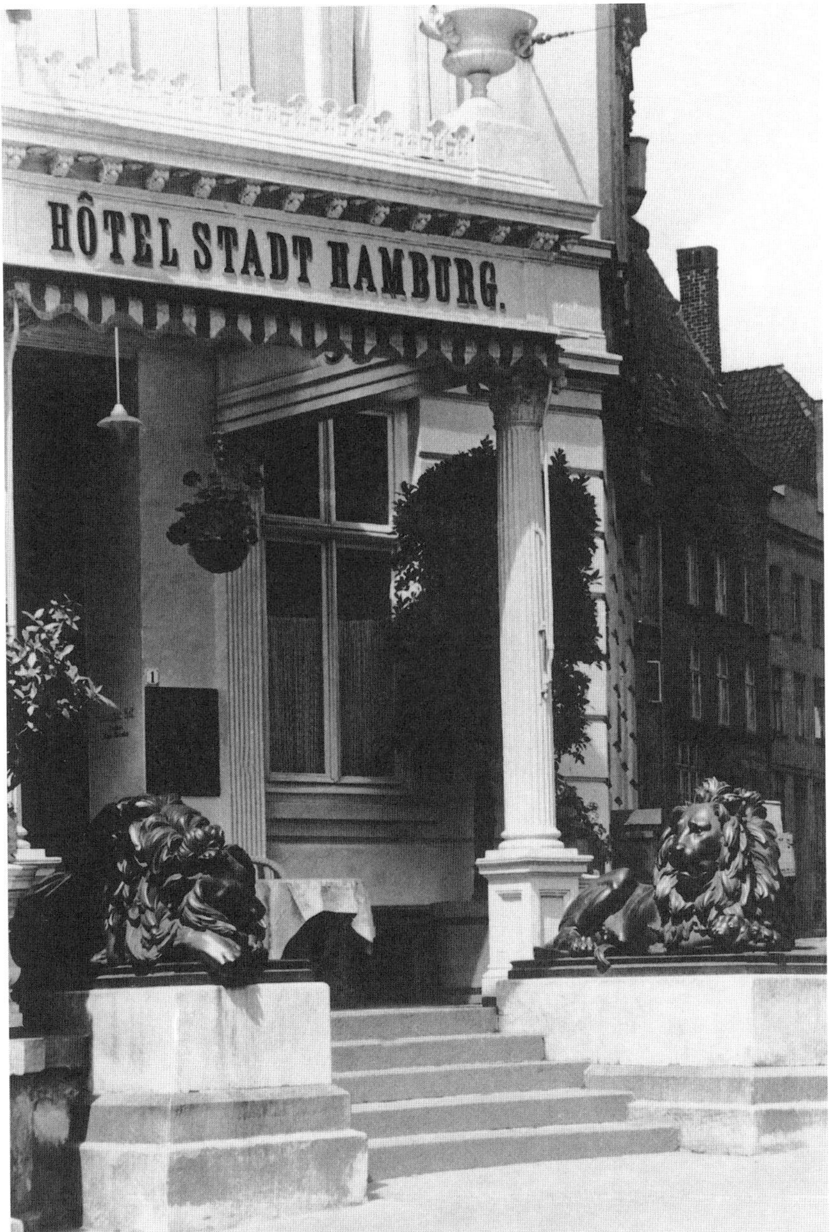
HÔTEL STADT HAMBURG.

⓮ Geburtshaus Johann Friedrich Overbeck
Sandstraße 22

(heute einbezogen in den Nachkriegsneubau eines Bekleidungsgeschäfts)

Der Vater Christian Adolf Overbeck (1755–1821), Domsyndicus, Ratsherr (1800), Bürgermeister (ab 1814), Dichter, Übersetzer und Diplomat, ist die bedeutendste Erscheinung im Lübecker Geistesleben seiner Zeit und ein Förderer seines Sohnes. Von ihm sind u. a. eine Sammlung von Kinderliedern *(Fritzchens Lieder)* und besonders das Volkslied *Komm lieber Mai und mache / Die Bäume wieder grün ...*, bekannt geblieben, nicht zuletzt wegen der Vertonung durch W. A. Mozart in dessen Todesjahr 1791.

Seine erste Ausbildung erhielt Friedrich Overbeck bei dem Maler Joseph Nicolaus Peroux (1769–1849) in Lübeck, das er schon mit 17 Jahren verließ, um an die renommierte, aber konservative Wiener Akademie zu gehen. Mit Franz Pforr (1788–1812) und anderen gründete er den »Lukasbund« (nach dem Patron der Maler), mit dem er eine christliche Erneuerung der Kunst anstrebte. 1810 verließen die Lukasbrüer im Streit die Akademie und siedelten nach Rom in das verlassene Kloster San Isidoro um. Dort arbeiteten sie weiter in einer engen Gemeinschaft, die zunächst wegen ihrer Themenwahl den Spottnamen »Nazarener« bekommt. Ihre Vorbilder waren Perugino (um 1448–1523), vor allem aber der junge Raffael (1483–1520). 1809 begann Overbeck das Monumentalbild *Der Einzug Christi in Jerusalem*, das von C. F. Rumohr halb fertig angekauft und nur unter Schwierigkeiten in Lübeck untergebracht wurde. 1824 ist das Werk vollendet: 1,60 Meter hoch, 2,30 Meter breit. 1942 ist es in St. Marien in Lübeck verbrannt. Der Karton dazu wird im Museum Behn-/Drägerhaus für die Nachwelt bewahrt.

Ein weiteres, noch größeres Bild, *Beweinung Christi* (1841 begonnen, 1845 fertig), wurde nach einer Sammlung für St. Marien angekauft. Es ist heute noch in der »Stillen Kapelle« unter der Totentanzorgel zu besichtigen. Ein *Familienbild* nach seiner Heirat mit Nina Schiffhuber-Hartl (1818) und der

Sandstraße, um 1900. 3. Haus rechts: das Geburtshaus des Malers Overbeck

Johann Friedrich Overbeck, »Familienbild«, nach 1820-22.
Overbeck malte dieses Bild, das ihn, seine Frau und seinen Sohn zeigt,
für seine Eltern in Lübeck. Wo es jedoch erst nach deren Tod eintraf.

Geburt ihres Sohnes wurde erst fertig nach dem Tod seiner Eltern, für die es bestimmt war.

Zu den bekanntesten »Nazarenern« gehören neben Overbeck und Franz Pforr: Julius Schnorr von Carolsfeld (1794–1872), Peter von Cornelius (1783–1867) und Wilhelm von Schadow (1788–1862). Berühmte Gemeinschaftsarbeiten der Nazarener in Rom sind die Fresken in der Casa Bartholdy und in der Villa Massimo.

⓯ Sandstraße

Mit Blick auf das Rathaus befinden wir uns auf der Sandstraße, an der in den *Buddenbrooks* Hermann Hagenström wohnte: »Sein Haus in der Sandstraße – der südlichen Verlängerung der Breiten Straße –, mit schlichter Ölfassade, praktisch ausgebeuteten Raumverhältnissen und reicher, eleganter, bequemer Einrichtung, war neu und jeden steifen Stiles bar.« Die detaillierte Lagebeschreibung der Straße ist korrekt, aber die Vorbilder der Hagenströms, die angesehene Lübecker Familie Fehling, besaßen zwar mehrere Häuser in den besten Stadtlagen, nur nicht in der Sandstraße. Ein Blick in das Archiv der Stadt läßt uns aber sehr wohl eine Verbindung herstellen, denn für das Haus Sandstraße Nr. 9 gab es zur Zeit Thomas Manns diesen Eintrag: »Cartonagen-Fabrik Carl Heinrich Theodor Hagenström«.

Am Rathaus vorbei, die Breite Straße entlang bis zur Kreuzung mit der Mengstraße, gelangen wir wieder an unseren Ausgangspunkt, das Buddenbrookhaus, zurück.

Eine Variante:
Tonio Krögers Heimweg

Als Alternative schlagen wir den Weg über die Mühlenstraße und die Wallanlagen *zum Ausgangspunkt zurück vor. Man geht dann nämlich auf den Spuren Tonio Krögers, der in der gleichnamigen Erzählung Thomas Manns zweimal diesen Umweg nimmt, um vom Stadtzentrum zum Elternhaus in der Mengstraße 4 zu gelangen. Der Weg bietet sich auch deshalb an, weil man von den Wallanlagen, vor allem wenn die Bäume kein Laub tragen, einen wundervollen Blick auf die Altstadt und Kirchen Lübecks hat.*

Man folgt zuerst der Mühlenstraße bis zu ihrem südlichen Ende. Vor der Brücke, die an der Stelle, wo früher das mittlere von drei Stadttoren stand, heute über den Elbe-Lübeck-Kanal führt, wendet man sich nach rechts, in eine leicht ansteigende Grünanlage hinein und geht dann eine gute halbe Stunde auf den Wallanlagen, in der sich noch Reste der Bastionen des 15. und 17. Jahrhunderts befinden. Zur Rechten hat man ständig die Stadttrave und die südliche Altstadt im Blick. Am Ende der Wallanlagen gelangt man zwischen

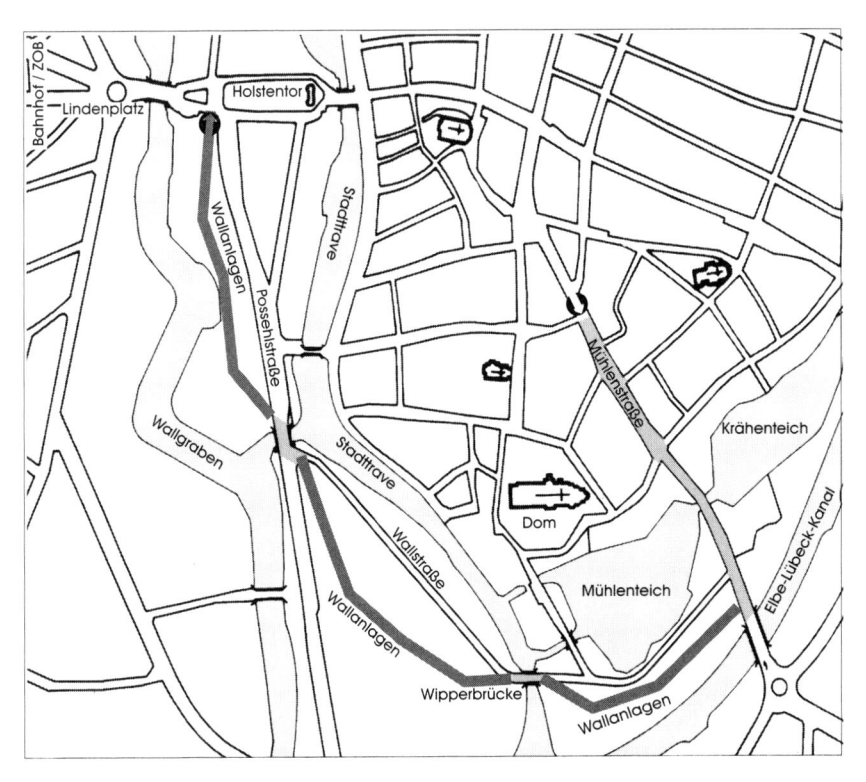

Blick von den Wallanlagen auf den Dom und die südliche Altstadt, Anfang des 20. Jahrhunderts

Lindenplatz und Holstentor wieder zurück in die Hektik der modernen Großstadt. Der weitere Weg zum Buddenbrookhaus ist von hier an im dritten Spaziergang (s. Seite 103 ff.) genauer beschrieben. Bei Station 9 (Seite 108 f.) verläßt man die Untertrave und geht die Mengestraße hoch, bis man wieder beim Buddenbrookhaus anlangt.

In Tonio Kröger heißt es über diesen Weg: »Wohin ging er? Heimwärts. Aber er nahm einen Umweg, machte einen Spaziergang vors Tor hinaus, weil er Zeit hatte. Er ging über den Mühlenwall und den Holstenwall und hielt seinen Hut fest vor dem Winde, der in den Bäumen rauschte und knarrte. Dann verließ er die Wallanlagen unfern des Bahnhofes.«

Das Holstentor von der Feldseite. Kolorierter Stich von C. Werner, 1876

Dritter Spaziergang
»...ging durch das alte untersetzte Tor...«
Vom Lindenplatz bis vor das Burgtor

Für die Stationen 15 bis 19 siehe Sonderkarte auf S. 119

»Und Tonio Kröger fuhr gen Norden. Er fuhr mit Komfort (denn er pflegte zu sagen, daß jemand, der es innerlich so viel schwerer hat als andere Leute, gerechten Anspruch auf ein wenig äußeres Behagen habe), und er rastete nicht eher, als bis die Türme der engen Stadt, von der er ausgegangen war, sich vor ihm in die graue Luft erhoben. Dort nahm er einen kurzen, seltsamen Aufenthalt ...«

Auch Thomas Mann fuhr im September 1899 von München nach Aalsgard in Dänemark und machte Station in seiner Vaterstadt. Diese Urlaubsreise schlug sich in *Tonio Kröger* nieder. Die Erzählung wird von Bildern bestimmt, die er auf Lübeck immer wieder anwendet und sicher bei seinem Besuch »aufgefrischt« hatte: den »winkeligen« Straßen, den »giebeligen« Häusern, den »gotischen Türmen«, dem »grauen« Himmel. Analoge Schilderungen finden sich in *Der Bajazzo* (1897), in *Der Kleiderschrank* (1899), *Der kleine Herr Friedemann* (1898), natürlich in *Buddenbrooks* (1901) und sehr viel später, 1947, in *Doktor Faustus*, wo Lübeck zu Kaisersaschern wird.

Armin Martens, um 1890

Thomas Mann, um 1892

Unser dritter Gang beginnt am Bahnhof. Wir gehen von dort zum Lindenplatz, wo in der benachbarten Grünanlage der Reichsgründer, Wilhelm I., und sein Kanzler, Otto von Bismarck, ihre Denkmäler haben. Hinter dem Kaiser zu Pferde, am nördlichen Rand des Platzes (heute unbebaut), wohnte zu Thomas Manns Zeiten der Holzhändler Martens, dessen Sohn Armin sein Mitschüler war, seine erste große Liebe und das Vorbild für Hans Hansen in »Tonio Kröger«. Die Apotheke »Am

Lindenplatz« gehörte damals dem Vater von Erich Mühsam, dessen Porträt sich am Ende des ersten Spazierganges findet (vgl. Seite 68 ff.).

❶ Lindenplatz 15

Tonio Kröger begleitet Hans Hansen von der Schule nach Hause: »Und am Lindenplatze, vor Großhändler Hansens Villa, blieben sie stehen, und Hans zeigte ausführlich, wie amüsant es sei, sich unten auf die Gartenpforte zu stellen und sich in den Angeln hin und her zu schlenkern, daß es nur so kreischte. Aber hierauf verabschiedete er sich.«
Diesen Gang des jungen Tonio wiederholt der 13 Jahre ältere Tonio bei seinem Aufenthalt auf der Durchreise von München nach Dänemark. In der Erzählung heißt es: Er »sah einen Zug mit plumper Eilfertigkeit vorüberpuffen, zählte zum Zeitvertreib die Wagen und blickte dem Manne nach, der zuhöchst auf dem allerletzten saß. Aber am Lindenplatze machte er vor einer der hübschen Villen halt, die dort standen, spähte lange in den Garten und zu den Fenstern hinauf und verfiel am Ende darauf, die Gatterpforte in ihren Angeln hin- und herzuschlenkern, so daß es kreischte. Dann betrachtete er eine Weile seine Hand, die kalt und rostig geworden war, und ging weiter, ging durch das alte untersetzte Tor, am Hafen entlang ...«
Wir gehen mit Tonio Kröger weiter, vom Lindenplatz, heute geprägt von einem lebhaften Kreisverkehr des Automobilzeitalters, in Richtung auf die Altstadt zu.

❷ Puppenbrücke

»Er ging zu Fuß, ging langsam, den unablässigen Druck des feuchten Windes im Gesicht, über die Brücke, an deren Geländer mythologische Statuen standen ...«
Diese 1778 entstandene Figurengruppe des Lübecker Bildhauers Dietrich Jürgen Boy (1724–1803), der auch die Figuren auf der Fassade des Buddenbrookhauses schuf, gab der Querung des Stadtgrabens den volkstümlichen Namen »Puppenbrücke«. Heute stehen hier Nachbildungen, da die Originale vor den Unbilden der Zeit geschützt werden mußten. Die ursprünglichen Plastiken sind im Baumgarten des St.-Annen-Museums, gleich hinter dem Remter des ehemaligen Klosters, aufgestellt. Die letzte der Plastiken auf der linken Seite fällt durch eine gewisse Freizügigkeit in der Gestaltung auf, was Lübecks »Volksdichter«, Emanuel Geibel, zu diesen Versen animierte: »Zu Lübeck auf der Brücken / da steht der Gott Merkur. / Er zeigt in allen Stücken olympische Statur. / Er wußte nichts von Hemden in seiner Götterruh / drum streckt er allen Fremden den nackten Podex zu.«
Wir gehen jetzt vor das Holstentor und machen dann halt zwischen den beiden schwarzen Löwen, die uns schon vom zweiten Gang her bekannt sind, vom Klingenberg, wo ehemals das Hotel »Stadt Hamburg« mit diesen beiden Löwen davor gestanden hat, ehe es der Krieg zerstörte und die Löwen damit zunächst heimatlos machte, bis sie hier vor dem Stadttor einen würdigen neuen Standort bekamen.

Die Puppenbrücke
über den Stadtgraben, um 1875

❸ Platz vor dem Holstentor

Ein wenig nördlich von dieser Stelle befand sich zu Thomas Manns Zeiten der erste Bahnhof von 1851. Schauen Sie einmal zu der »Schreitenden Antilope« auf dem Rasenplatz jenseits der Straße, einem Bronzeguß (1925) des aus Grabow/Mecklenburg stammenden und in München und Wien lebenden Künstlers Fritz Behn (1878–1970). Die Trasse der Bahn kreuzte von dort den Vorplatz des Holstentors und verschwand in der heutigen Possehlstraße nach Süden, direkt unter den Wällen, deren baumbewachsene Reste wir noch sehr gut erkennen können. Die damalige Bahn führte nach Büchen, weil die in Schleswig-Holstein residierenden Dänen eine direkte Verbindung mit Hamburg untersagten. Wir treffen auf diese Bahnverbindung in *Buddenbrooks*: »Gleich als ihr Bruder, der Konsul, sie vom Bahnhofe abgeholt hatte – sie war von Büchen gekommen – und mit ihr durch das Holstentor in die Stadt gefahren war, hatte er nicht umhingekonnt, ihr das Kompliment zu machen, daß – nächst Klothilden – sie doch noch immer die Schönste in der Familie sei, worauf sie geantwortet hatte: ›O Gott, Tom, ich hasse dich! Eine alte Frau in dieser Weise zu verhöhnen …‹«

103

❹ Holstentor

»Und Tonio ging durch das alte, untersetzte Tor, ging am Hafen entlang und die steile, zugige und nasse Giebelgasse hinauf zum Haus seiner Eltern. Damals lebte sein Herz; Sehnsucht war darin und schwermütiger Neid und ein klein wenig Verachtung und eine ganz keusche Seligkeit.«

Das Holstentor – neben dem Marzipan – für den Neuankömmling die zweite ihm schon vor seiner Ankunft »vertraute« Berühmtheit der Stadt, ist Teil einer ehemaligen Toranlage. Es gab ein Tor jenseits der Trave aus dem 14. Jahrhundert, eingebettet in die Stadtmauer, und ein weiteres Tor vor der Feldseite des heute allein verbliebenen »Holsteintores«. Dieses ehemals prächtige Bauwerk der Renaissance (1585) mußte dem Bahnhofsneubau der »Lübeck-Büchener Eisenbahn« weichen. Das Holstentor war zu seiner Bauzeit (1463–1477/8) eigentlich schon veraltet und für den Zweck der Verteidigung kaum geeignet; es zeigte sich schon bald als Denkmal, als Symbol für Größe und Reichtum besser geeignet. Heute ist das Tor so etwas wie die »Mutter aller Stadttore«, und der Blick von den Löwen auf das Panorama der Ratskirche St. Marien, des Holstentores, der rechts daneben liegenden Salzspeicher und der Kirche St. Petri ist einer der schönsten Blicke auf Lübeck. Der knappe Spruch »Concordia domi foris pax« (Eintracht drinnen – Friede draußen) hat eine amüsante Vorgeschichte: Die Erstfassung von 1585 lautete sehr viel pragmatischer: »Pulchra res est pax fo-

Der Lübecker Bahnhof, 1851

Blick vom Bahnhof auf die Stadt mit Holstentor. Foto aus dem Jahr 1899, als Thomas Mann seine Reise nach Dänemark in Lübeck unterbrach.

ris et domi concordia« (Eine schöne Sache ist es, wenn draußen Frieden und drinnen Eintracht herrschen). Es folgte dann eine Veränderung des Textbandes um 1710: »Concordia domi et foris pax, sane res est omnium pulcherrima«, was ähnlich zu übersetzen wäre.

Wir gehen durch das Tor und werfen noch einen Blick auf seine Stadtseite, die deutlich reichhaltiger gestaltet und mit Terrakotta-Friesen ausgeschmückt ist.

Auch hier ist eine Inschrift in goldenen Lettern, die einiges vom Selbstbewußtsein der Lübecker verrät: »S. P. Q. L.«. Ein deutlicher Bezug auf das Republikanisch-Römische »S. P. Q. R.« (Senatus Populus que Romanus – Senat und Volk von Rom), den die Hansestädter durch den Austausch des R. in ein auf Lübeck bezogenes L. auch für sich in Anspruch nahmen.

Nach dem Überqueren der Trave wenden wir uns nach links in die Straße An der Untertrave, die wir fast bis zu ihrem Ende verfolgen. Dort wo heute am gegenüberliegenden Ufer ein Hotel und die weiße schiffsförmige Musik- und Kongreßhalle liegen, waren bis Anfang dieses Jahrhunderts im Schatten der Wallanlagen Holzplätze, Werften und die sogenannte »Dröge«, in der geteerte Schiffstaue zum Trocknen aufgehängt wurden. Auf unserer Seite schaute man auf ein überaus reges Hafentreiben vor den Speichern der Kaufleute.

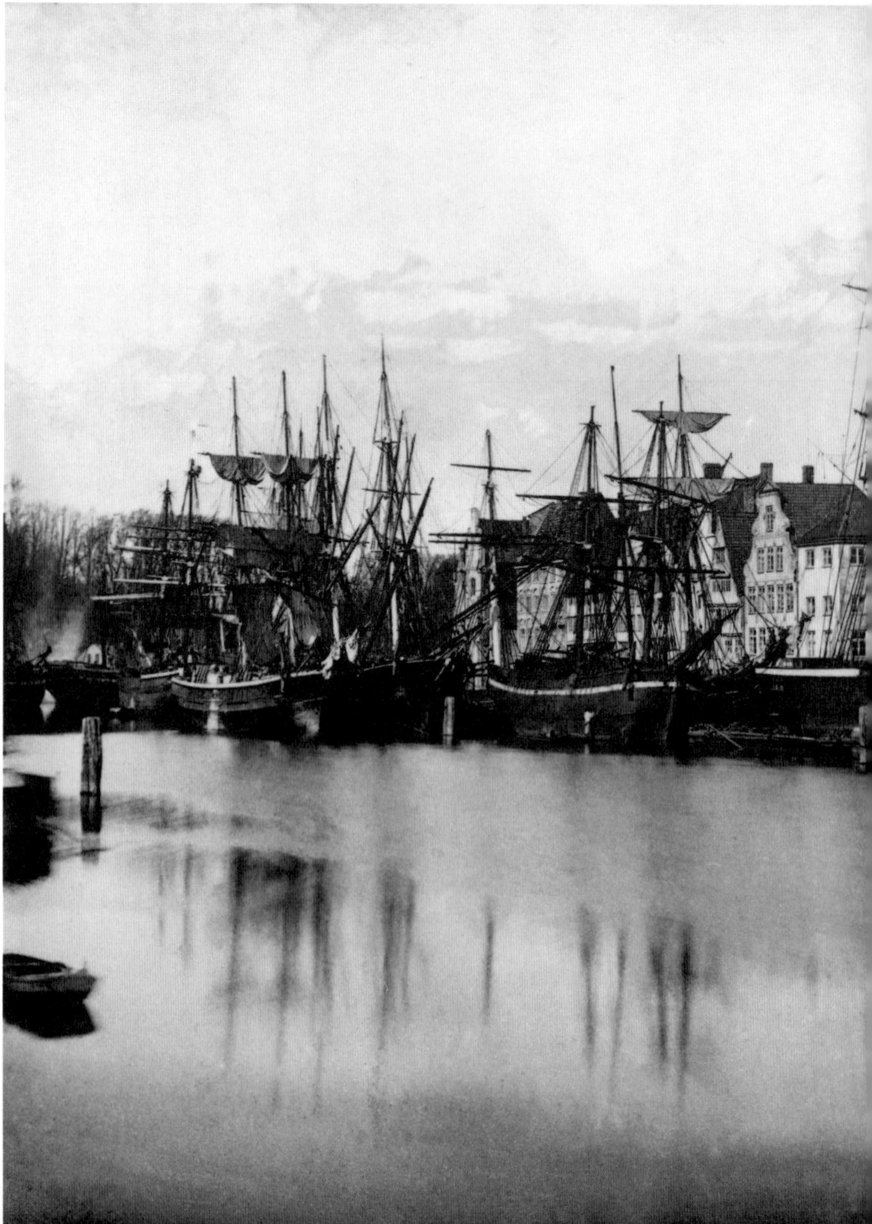

❺ Hafen, Speicher

Die Firma »Johann Siegmund Mann« besaß sechs direkt am Fluß gelegene Lagerhäuser, von denen wir eines, das im Ursprungszustand erhalten geblieben ist, später besuchen werden (vgl. Seite 110). Die Hausnummern An der Untertrave 87, 71, 34, 33, 24 und 16 weisen auf diese vormaligen Speicher hin.

Wie man sich das Leben zu Zeiten der Brüder Mann hier vorstellen mußte, davon legen *Buddenbrooks* ein nostalgisches Zeugnis ab. Die kleine Tony »kletterte, gemeinsam mit Thomas, in den Speichern an der Trave zwischen den Mengen von Hafer und Weizen umher, die auf den Böden ausgebreitet waren, sie schwatzte mit den Arbeitern und den Schreibern, die dort in den kleinen dunklen Comptoirs zu ebener Erde saßen, ja sie halfen sogar beim Aufwinden der Säcke.«

Und am Ende des Romans nimmt dann Thomas Buddenbrook seinen Sohn Hanno mit an den Hafen, zu den Speichern »und ließ ihn dabeistehn, wenn er am Quai mit den Löscharbeitern in einem Gemisch von Dänisch und Plattdeutsch plauderte ... Für Thomas Buddenbrook selbst war dieses Stück Welt am Hafen, zwischen Schiffen, Schuppen und Speichern, wo es nach Butter, Fischen, Wasser, Teer und geöltem Eisen roch, von klein auf der liebste und interessanteste Aufenthalt gewesen«.

Blick vom Holstentor zur Trave, um 1870

Franz Kafka, um 1916

❻ An der Untertrave 104
Ehemaliges Hotel Kaiserhof

Wo heute ein roter Backsteinbau aus den sechziger Jahren steht, befand sich noch zu Beginn des Jahrhunderts das Hotel Kaiserhof. Hier übernachtete Franz Kafka vom 14. auf den 15. Juli 1914. Das Hotel bot einen Blick auf den Holstenhafen. Kafka muß sich für das Hafentreiben interessiert haben, denn er notierte im Tagebuch das »Ausladen der Hölzer aus einem Segelboot«.

❼ An der Untertrave/
Ecke Alfstraße

Das Eckhaus an der dritten Straße, der Alfstraße, ist im Kern eines der ältesten Steinhäuser der Stadt, davor befand sich der nachweislich erste Seehafen Lübecks.

Krafft Tesdorpf, Weinhändler
und Thomas Manns Vormund

❽ An der Untertrave 96

zeigt eines der ganz wenigen Fachwerkhäuser, denn die Lübecker haben nach einigen verheerenden Stadtbränden schon im 13. Jahrhundert den Bau von Steinhäusern vorgeschrieben. Die Eisenstützen der Arkade vor diesem Haus zeigen die Form und Größe, in der dieses Metall aus Schweden nach Lübeck kam.

Die nächste Straße rechts ist die wohlbekannte Mengstraße. An deren Ecke:

❾ Weinhandelshaus
»Carl Tesdorpf«
Mengstraße 60–77

Krafft Tesdorpf (1842–1902), der Vormund der Mann-Kinder nach dem Tod des Vaters 1891, und sein Bruder Carl (1834–1900) sind die Urbilder für die Brüder Stephan und Eduard Kistenmaker aus *Buddenbrooks*. Auch dieses

Portal des Weinhauses Carl Tesdorpf

Faktum findet sich im Roman wiedergegeben:
»Herr Kistenmaker war Testamentsvollstrecker, Verwalter des Buddenbrookschen Vermögens und Vormund des kleinen Johann, und er hielt diese Ämter in Ehren. Sie verschafften ihm eine höchst wichtige Tätigkeit, sie berechtigten ihn, an der Börse mit allen Anzeichen der Überarbeitung sein Haupthaar zu streichen und zu versichern, das er sich aufreibe ...«

Es lohnt sich, die Mengstraße ein wenig hinaufzugehen, denn hier findet sich noch ein beeindruckendes Ensemble klassischer Kaufmannshäuser mit der so typischen Fassadenvielfalt und den berühmten Dielen. Hingewiesen sei besonders auf das Schabbelhaus, Nr. 48. Hier kann im Inneren die Situation der großbürgerlichen Häuser in früheren Jahrhunderten nachempfunden werden.

Zurück auf der Untertrave, stand an der nächsten Ecke (Beckergrube) auf der linken Seite der Speicher »Löwe« der Manns, ein paar Häuser weiter, Nr. 71, der Speicher »Elefant«.

Hier lohnt ein kleiner Umweg. Wir gehen die Beckergrube hinauf bis zur schon im ersten Gang beschriebenen Tankstelle an der Ecke der Straße Ellerbrook, diese entlang bis zur Fischergrube und dann wieder zurück zur Straße An der Untertrave. Das Trümmergrundstück ist der Platz, an dem das Familienhaus »Beckergrube 52« von 1882 bis 1942 gestanden hat.

An der Untertrave sehen wir je nach Jahreszeit eine Gruppe von Segelschiffs-Oldtimern aufgereiht, die hier ihren Winterhafen haben und so ein wenig die Hafenstimmung des letzten Jahrhunderts bewahren.

Blickt man nach wenigen Schritten von der Trave nach rechts hinauf, dann öffnet sich der Blick in eine der zum Stadthügel ansteigenden »Gruben« hier in besonders schöner Weise.

⑩ Engelsgrube

Heinrich Mann beschreibt diese Straßen in *Professor Unrat*: »Unrat verschwand rasch in die ›Grube‹ ... Es war eine der nach dem Hafen sich senkenden Straßen; und da sie abschüssiger ging als die anderen, hatten sich hier zahllose Kinder zusammengefunden, um in kleinen Wagen mit vollen Rädern, lärmenden ›Bullerwagen‹, den Berg hinabzufahren.« Hier irgendwo, in diese Hafengegend, hat Heinrich Mann seinen *Blauen Engel* verlegt, wobei übrigens der Straßenname »Engelsgrube« sich keineswegs auf die himmlischen Boten bezieht, sondern auf die Ankerplätze der aus England kommenden Schiffe verweist.

Von der Ecke aus sehen wir schon den noch erhaltenen Speicher »Die Eiche« aus dem Jahr 1873 (Nr. 34) und sein Nachbarhaus »Die Linde« (Nr. 33).

⑪ Speicher »Die Eiche« An der Untertrave 34

Wiederholt werden die Speicher der Manns in den *Buddenbrooks* genannt. Eine besonders treffende Passage bezieht den Stammsitz Mengstraße 4 mit ein: »[Aber] man mußte warten, bevor man ins Haus gelangte. Drei mächtige Transportwagen schoben sich soeben dicht hintereinander durch die Haustür, hochbepackt mit vollen Kornsäcken, auf denen in breiten schwarzen Buchstaben die Firma ›Johann Buddenbrook‹ zu sehen war. Mit schwerfällig widerhallendem Gepolter schwankten sie über die große Diele und die flachen Stufen zum Hof hinunter. Ein Teil des Kornes sollte wohl im Hinterhaus verladen werden und der Rest in den ›Walfisch‹, den ›Löwen‹ oder die ›Eiche‹ wandern ...«

»Die Eiche«, Speicher der Familie Mann, 1873

Rechts oben:
Das restaurierte Firmenschild der Manns an der »Eiche«. Unten:
das Walfisch-Relief an dem gleichnamigen Mann-Speicher

⓬ Speicher »Walfisch«
An der Untertrave 16

»Die Linde«, Nr. 33, ist nicht wiederzuerkennen, auch nicht »Der Adler«, Nr. 24, aber der ehemalige Speicher »Walfisch«, Nr. 16, ein paar Häuser weiter, macht noch durch ein Relief über dem Portal des heutigen Neubaus der Lübecker Hafengesellschaft auf sich aufmerksam.

An der nächsten Ecke (Große Altefähre) gehen wir die Straße hinauf, biegen am Ende nach links, um dann gleich rechts eine Treppe hinaufzusteigen. Nach wenigen Schritten stehen wir vor dem modernen Eingang eines der be-

Das Maria-Magdalenen-Kloster, um 1400. Rekonstruktion

deutendsten historischen Baudenkmäler Norddeutschlands, dem Maria-Magdalenen-Kloster, das den volkstümlichen Namen »Burgkloster« trägt, da diese Anlage der Dominikaner aus dem 13. bis 15. Jahrhundert auf dem Platz einer früheren Burg der Slawen, Deutschen und Dänen steht. Das durchgehend hervorragend restaurierte Kloster beherbergt heute ein Museum und macht besonders mit zeitgeschichtlich orientierten Ausstellungen auf sich aufmerksam.
An dem Eingangsvorbau vorbei gehen wir über den Hof und gelangen durch eine Torpforte auf die Große Burgstraße und an das nördliche Stadttor.

⓭ Das Burgtor

stammt in seiner heutigen Form aus dem 15. Jahrhundert, wobei der Turm nach einem Brand im Jahre 1685 barock verändert wurde.
Im Burgtor besaß die Schriftstellerin Ida Boy-Ed (1852–1928) eine Ehrenwohnung der Stadt. 1852 in Bergedorf geboren, kam die junge Ida Ed 1865 nach Lübeck, als ihr Vater mit seinem aufblühenden Zeitungsunternehmen in die Hansestadt wechselte. Ab 1865 verlegte er *Die Eisenbahnzeitung*, eine der damals erscheinenden Tageszeitungen, in der Heinrich Mann seine ersten Texte veröffentlichte. Im Verlags- und Wohnhaus in der Großen Petersgrube

29 herrschte eine ausgesprochen literarische Atmosphäre. Der Vater schrieb Romane und Novellen und förderte die ersten literarischen Versuche der Tochter. 1870, kaum achtzehnjährig, heiratete sie den Kaufmann Carl Johann Boy (1845–1900), der einer alten Lübecker Patrizier- und Kaufmannsfamilie entstammte. Sie geriet, wie sie schrieb, in eine ihr »geistig ganz ferne Umwelt«. Im Haus der Schwiegereltern belächelte man nicht nur ihren literarischen Ehrgeiz, man verbot ihr, überhaupt zu schreiben. Nacheinander kamen vier Kinder zur Welt, doch die Ehe war nicht glücklich. 1878 flüchtete sie mit ihrem ältesten Sohn nach Berlin. Nach erfolglosen Versuchen, sich mit journalistischen Arbeiten durchzubringen, mußte sie nach Lübeck zurückkehren. 1882 erschien ihr erstes Buch, die Novellensammlung *Ein Tropfen*. Bis 1894 veröffentlichte sie allein einundzwanzig Bücher, an ihrem Lebensende waren es über siebzig. Thomas Mann lobte besonders ihren Roman *Ein königlicher Kaufmann* (1910). In Lübeck spielend, kam seine Thematik entfernt den *Buddenbrooks* nahe. In einem Brief meinte Thomas Mann, mit dem Werk habe sie den Kaufmannsroman für das 20. Jahrhundert gerettet und zugleich »das Ideal eines modernen ›Soll und Haben‹ erfüllt«.

Thomas Mann lernte Ida Boy-Ed noch als Gymnasiast, vermutlich 1892–93, kennen. Sie war die erste, die in Lübeck für ihn eintrat. Seit 1903 bis zu ihrem Tode im Jahre 1928 stand sie mit ihm im Briefwechsel. Bei seinen Lübeck-

Die große Burgstraße mit Burgtor von der Stadtseite aus, 1870

Ida Boy-Ed mit ihrem Mann, um 1890
Rechts: Thomas Mann und Ida Boy-Ed
am Fenster der Ehrenwohnung
im Burgtor, 1926

Aufenthalten wohnte er oft in der heute noch vorhandenen Wohnung rechts neben dem Burgtor.
Zu ihrem 75. Geburtstag schrieb Thomas Mann: »Sie war die erste, die an mich geglaubt hat in Lübeck, der erste Lübecker – soviel ich weiß –, der ›Buddenbrooks‹ nicht abscheulich fand, sondern mich verteidigte. Nie hat sie aufgehört, mir Zeichen ihres Wohlwollens zu geben, der geistigen Teilnahme, mit der sie meinen Weg verfolgt, auch wenn er ihr irrig und gefährlich scheint, und immer werde ich ihr Dankbarkeit dafür bewahren müssen.«

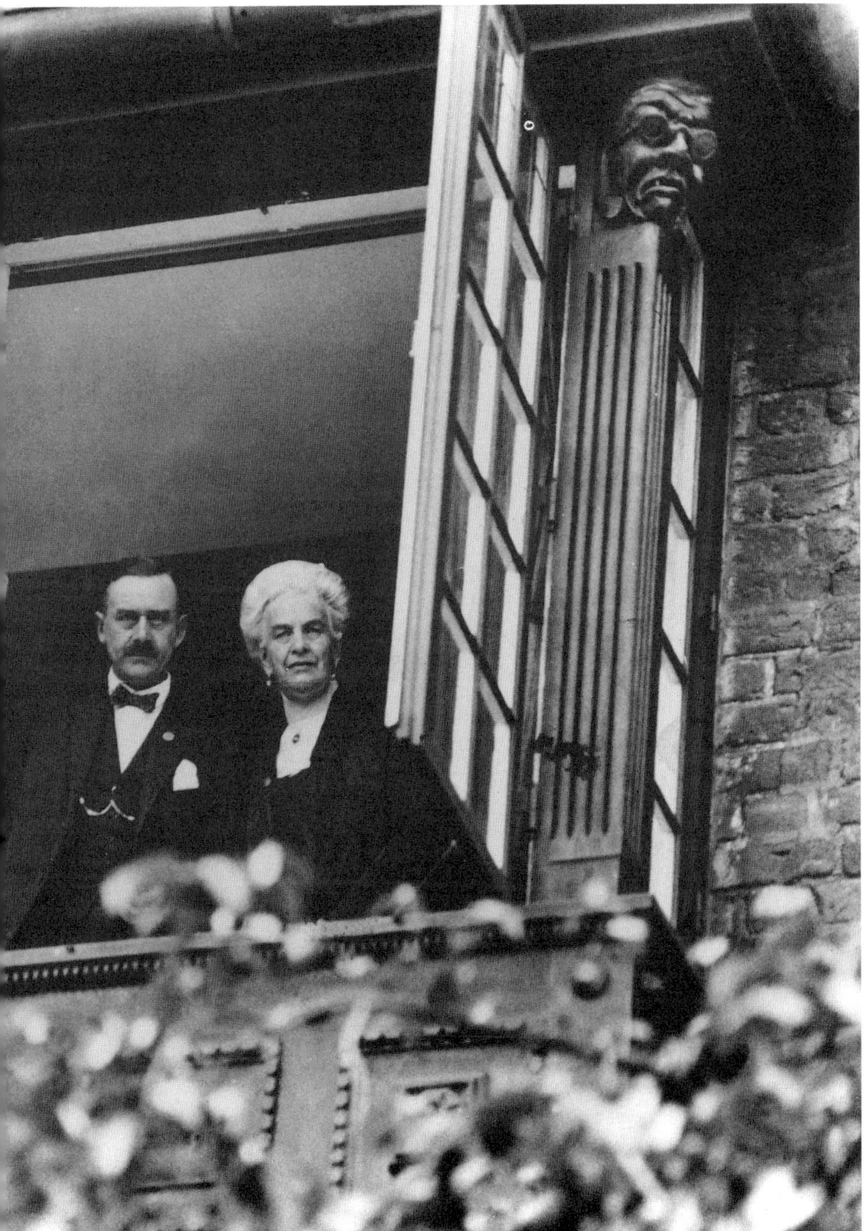

Das Allgemeine Deutsche Sängerfest von 1847 auf dem Burgfeld.

Wir gehen nun, neben dem beschnitzten Eingangsbogen zum ehemaligen Marsstallgefängnis, durch das Tor und sehen uns ein wenig auf seiner Feldseite um.

⓮ »Burgfeld« (Gustav-Radbruch-Platz)

Auch hier treffen wir auf zwei Wache haltende Löwen (Fritz Behn, um 1905). Der Platz hinter ihnen ehrt mit seinem offiziellen Namen einen weiteren berühmten Lübecker, *Gustav Radbruch* (1878–1949), einen der bedeutendsten Rechtsdenker deutscher Sprache in unserem Jahrhundert. Nach dem Abitur am Katharineum 1898 studierte Radbruch Jura in München, Leipzig und Berlin. Er war dann Referendar in Lübeck und nach Jahren als Privatdozent in Heidelberg ab 1914 Professor in Königsberg. Weitere Lebensdaten: 1918 Berater des Reichspräsidenten Friedrich Ebert, 1919 Professor in Kiel, 1920–1924 Reichstagsabgeordneter für die SPD, ab 1926 Professor in Heidelberg. 1921–1923 war Radbruch Reichsjustizminister in den Kabinetten Wirth und Stresemann. 1933 wurde er als einer der ersten Hochschullehrer von den Nationalsozialisten entlassen. Erich Mühsam würdigte Radbruch in einem Brief zum 50. Geburtstag als einen Menschen, der »sich selber treu

Stich von F. Schmidt-Carlson

geblieben« sei, und in einem Brief Thomas Manns aus dem Schweizer Exil an Gustav Radbruch heißt es: »Ihr Gesicht fehlt mit unter den deutschen Freundesgesichtern, die ich seit Vollendung des Verhängnisses hier nach und nach wiedergesehen habe. Führt Ihr Weg Sie nicht einmal nach Zürich? Man hätte sich allerhand zu sagen.« Nach dem Ende des Dritten Reiches erlebte Radbruch 1945 noch die Wiedereinsetzung in das Lehramt an der Universität Heidelberg.

Der volkstümliche Name dieser Fläche, *Burgfeld*, erinnert auch an die Schlacht von 1806, als der später als »Marschall Vorwärts« bekannte preußische Heerführer Gebhard Leberecht Blücher (1742–1819) sich den napoleonischen Truppen unter dem französischen Marschall Jean-Baptiste Bernadotte, dem Fürsten von Ponte Corvo (1763–1844) und späteren schwedischen König Carl XIV. Johan, ergeben mußte. Lübeck wurde dann bis 1813 von den Franzosen besetzt gehalten, von 1811–13 sogar als französische Stadt geführt. Bernadotte residierte eine Zeitlang in der Breiten Straße 13 im Haus des Bürgermeisters Matthäus Rodde und seiner Frau Dorothea Schlözer. Wir sind ihnen schon auf unserem ersten Gang begegnet (vgl. Seite 52 ff.). 1813 kam Jean-Baptiste Bernadotte wieder nach Lübeck, diesmal als schwedischer Kronprinz und Befreier der Stadt.

Ein weiteres bedeutsames Ereignis in der Geschichte Lübecks, das mit dem Burgfeld verbunden ist, stellt das Allgemeine Deutsche Sängerfest vom 26. bis 29. Juni 1847 mit über 1800 Teilnehmern dar. Im Zuge der nationalstaatlichen Bestrebungen vor der Revolution von 1848 waren auf dieser Veranstaltung Musik und Politik eng verknüpft. Auf dem Burgfeld war eine große Festhalle errichtet worden. Hoffmann von Fallersleben, der Dichter des *Deutschlandliedes*, war auch unter den Teilnehmern. Er hat in seinem Tagebuch notiert:

»Die Festhalle ist wunderschön beleuchtet von außen und innen. Wohl gegen 4000 Menschen wogen darin hin und her und draußen wohl ebensoviel. Musik und Kerzenglanz in den beiden Erfrischungszelten wie in der großen Halle. Gesang dann und wann auf der Sängertribüne, bengalische Beleuchtung in allen Farben, unzählige Lämpchen, die wie ein Lichtgürtel den weiten Platz umsäumen – genug zum Sehen und Hören. Überdem glänzt noch am Sternenhimmel prachtvoll der Vollmond.«

Die nördliche Vorstadt St. Gertrud, in der wir uns nach dem Schritt vor das Tor befinden, benannt nach einer Kapelle und Leprose-Station, entstand erst in der zweiten Hälfte des 19. Jahrhunderts, zunächst mit Gartenhäusern der wohlhabenden Oberschicht bebaut. Man wohnte dort im Sommer »auf den Gärten«, was sich in der Architektur vieler Häuser noch unschwer ablesen läßt. Hier draußen treffen wir wieder auf die Manns, die Buddenbrooks und den Professor Unrat. Der Gymnasiallehrer Dr. Raat nämlich wohnte in einer Nebenstraße, der heutigen Travemünder Allee, die im letzten Jahrhundert noch Israelsdorfer Allee hieß: »Die noch unförmlichen Entwürfe künftiger Handlungen bewegten sich in Unrat. Sie ließen ihn nicht mehr stillhalten, er mußte seinen alten Radmantel umhängen und ausgehn. Es regnete dünn und kalt. Er schlich, die Hände auf dem Rücken, die Stirn gesenkt und ein giftiges Lächeln in den Mundfalten, um die Lachen der Vorstadtstraße herum.... Er bog in die Allee nach der Stadt. Unter dem spitzbedachten Stadttor blieb er plötzlich stehen...« Auch das vermutliche Vorbild für den Dr. Raat, ein Mitglied der berühmten Lübecker Familie Curtius, Oberlehrer am Katharineum, wohnte hinter dem Burgfeld, in der Gertrudenstraße 7c.

Von hier aus bieten sich zwei Abstecher an, und zwar in die Roeckstraße (Station 15) und in die Eschenburgstraße (Stationen 16–19). Es handelt sich dabei um Wege, die keine anschließende Verbindung haben, sondern jeweils wieder zum »Burgfeld« zurückführen.

⓯ Roeckstraße 7

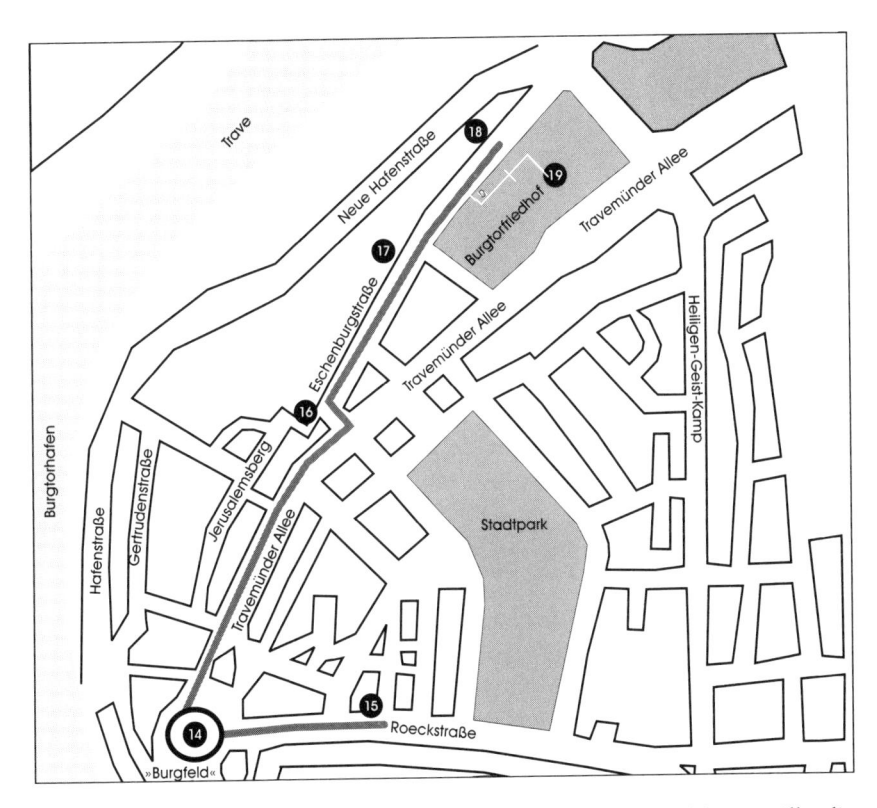

In der Roeckstraße, der zweiten, nach rechts vom Gustav-Radbruch-Platz aus führenden, mit alten Alleebäumen gesäumten Straße, im Haus Nr. 7, wohnte Julia Mann nach dem Tod ihres Mannes (1891) für kurze Zeit mit den Kindern, ausgenommen Heinrich, der schon nach Dresden in eine Buchhandelslehre gegangen war.

Ein kurzer Weg (gut 500 Meter hin und zurück) führt uns vor das Haus, das noch weitgehend mit dem damaligen identisch ist. In den *Buddenbrooks* heißt es dazu: »Herr Kistenmaker besorgte auch den Ankauf des neuen Hauses, einer angenehmen kleinen Villa, die vielleicht ein wenig zu teuer erstanden wurde, die aber, vorm Burgtore an einer alten Kastanienallee gelegen und von einem hübschen Zier- und Nutzgarten umgeben, den Wünschen Gerda Buddenbrooks entsprach.« Und eben dort erfüllte sich das Schicksal des jungen Hanno. »Er ging in sein Zimmer hinauf ... Dann setzte er sich ans Harmonium und spielte etwas sehr Schwieriges, Strenges, Fugiertes, von Bach. Und schließlich faltete er die Hände hinter dem Kopf und blickte zum Fenster hinaus in den lautlos niedertaumelnden Schnee. Es gab da sonst nichts zu sehen.

Roeckstraße 7, das letzte Wohnhaus der Familie Mann
nach dem Tod des Vaters

Julia Mann als Witwe, ca. 1895

Es lag kein zierlicher Garten mit plätscherndem Springbrunnen mehr unter seinem Fenster. Die Aussicht wurde durch die graue Seitenwand der benachbarten Villa abgeschnitten.«

Rechts: Emanuel Geibels
Sommerwohnung,
Eschenburgstraße 29a

Die Eschenburgstraße erreichen Sie, indem Sie die Travemünder Allee auf der linken Straßenseite (am Hotel vorbei) ein paar hundert Meter entlanggehen. Nach der ersten Ecke, der Straße »Am Gertrudenkirchhof«, die übrigens auf das Wohnhaus von »Professor Raat« zuführt, sehen Sie hinter einem Sportplatz einen Hügel mit einem kleinem Bauwerk, einer Kreuzigungsgruppe. Dies ist der »Jerusalemsberg«. Die zweite Straße nach links ist die Eschenburgstraße, die seit 1914 zu Ehren des damaligen Bürgermeisters Dr. Johann Georg Eschenburg (1844–1936), der uns als »Konsul Huneus« aus »Buddenbrooks« bekannt ist, so benannt ist. Am Beginn der Eschenburgstraße, an der Biegung, sehen wir links eine Gruppe alter Bäume. Sie markieren heute noch die Einfahrtsallee zum ehemaligen

ⓖ Wohnhaus der Familie Marty
Eschenburgstraße 1–3

Hier haben die »Krögers« des Romans gewohnt, der »Privatier Lebrecht Kröger« und seine Frau, »Madame Kröger«, deren Vorbilder das Ehepaar Johann Heinrich Marty (1779–1844), genannt »der Reiche«, und Catharina Elisabeth Marty (1782–1869), geb. Croll, gewesen sind. »Zum Sommer, im Mai vielleicht schon, oder im Juni, zog

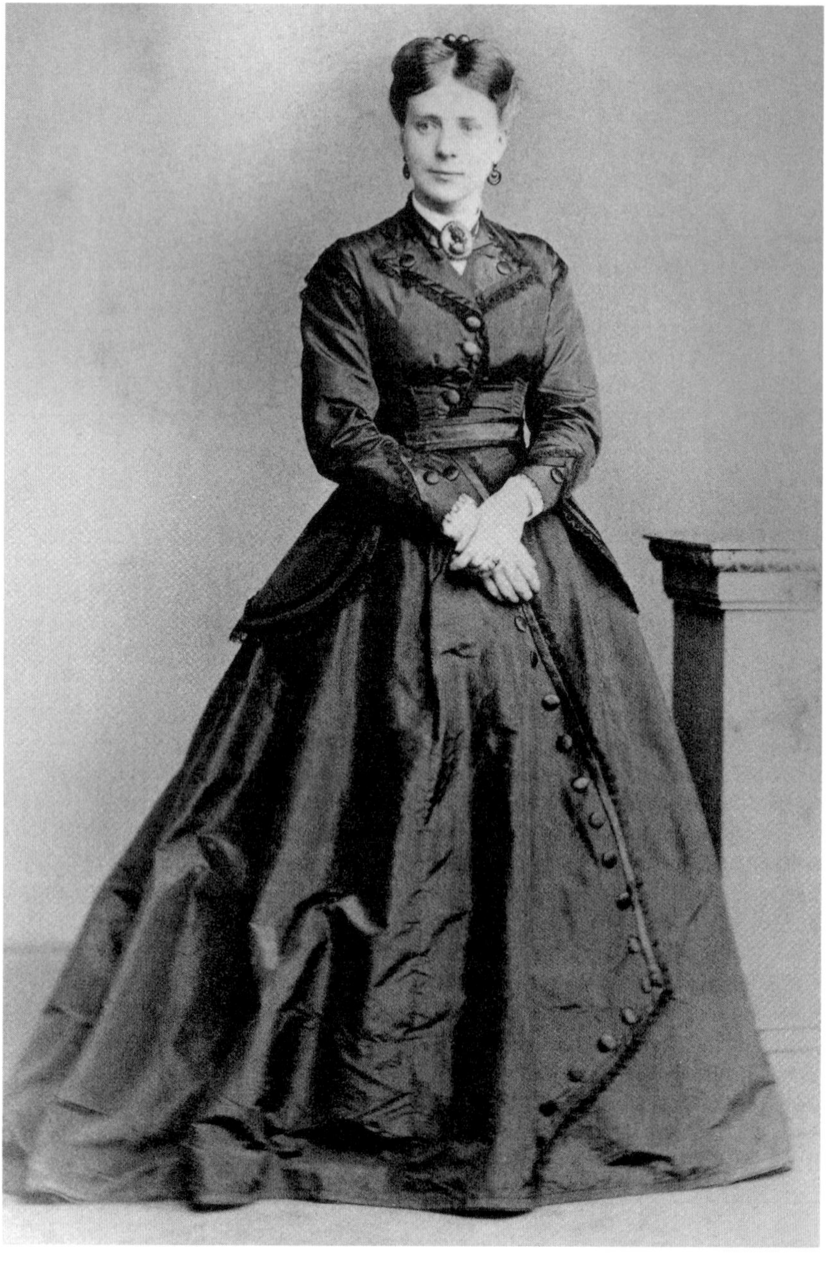

**Die Urgroßmutter der Brüder Mann
Links: Die Tante Elisabeth.
Im Roman: »Tony« Buddenbrook**

Der Urgroßvater der Brüder Mann

Tony Buddenbrook immer zu den Großeltern vors Burgtor hinaus, und zwar mit heller Freude. Es lebte sich gut dort draußen im Freien, in der luxuriös eingerichteten Villa mit weitläufigen Nebengebäuden, Dienerschaftswohnungen und Remisen und dem ungeheuren Obst-, Gemüse- und Blumengarten, der sich schräg abfallend bis zur Trave hinunterzog.«

Die zweifarbig gestrichene, zurückliegende Villa Eschenburgstr. 7 war während des Zweiten Weltkriegs eine Außenstelle der schwedischen Gesandtschaft in Berlin. Dort fand auf Wunsch von Heinrich Himmler am 23./24. April 1945 ein Treffen zwischen ihm und dem Vizepräsidenten des Schwedischen Roten Kreuzes, Folke Bernadotte, statt, bei dem Himmler um die Vermittlung eines Angebotes zu einer Teilkapitulation bat. Dieses Angebot wurde von westlicher Seite am 28. April abgelehnt.

⓱ Eschenburgstraße 29a

Auch Heinrich Mann kommt noch einmal auf diese Villengegend zurück. In seinem Roman *Eugénie oder Die Bürgerzeit* (1928) spielt fast die ganze Handlung vermutlich hier, denn einer der Protagonisten, der Dichter von Heines, ist unschwer als Nachbildung Emanuel Geibels zu erkennen, und Geibel bewohnte hier zeitweise ein Gartenhaus.

Der erwähnte Roman beginnt mit den Worten: »1873 eines Nachmittags im Sommer erhob die Luft sich leicht und so hell wie Perlen über den Gärten vor der Stadt. Die Fahrstraße stand leer. Sie war eine Lindenallee und zog dahin, bis

der Blick sich unter den Baumkronen verlor. Wer anhielt vor dem Landhause des Konsuls West, sah seitwärts bis in die Tiefe seines Gartens. Man sah darin klar und schleierlos hingezeichnet die Gestalten, ihre Bewegungen beim Krocketspiel, sah Falbeln und Spitzen flüchtig aufwehen. Das glückliche junge Lachen der Konsulin war einmal genau zu hören.«
Das Nachbarhaus, Nr. 33, gehörte Dr. Ferdinand Fehling, in den »Buddenbrooks« »Rechtsanwalt Moritz Hagenström«, der die Tochter von Emanuel Geibel Marie (1853–1906), geheiratet hatte. Das ursprüngliche Sommerhaus von 1830 wurde 1940 umgebaut.
Weiter geht es zum letzten Haus auf der linken Seite.

⓲ Gartenhaus von Dorothea Schlözer
Eschenburgstraße 37

Dieses Haus wurde 1875 von dem dänischen Architekten C. F. Hansen gebaut. Hier empfing Dorothea Schlözer ihre geistig interessierten Gäste.
Gegenüber liegt der Burgtorfriedhof von 1832, auf dem die Stadt Lübeck 16 Ehrengräber unterhält.

Das Gartenhaus von Dorothea Schlözer

⓲ Burgtorfriedhof
Grabstätte der Familie Mann

Hinter dem Eingang liegt linker Hand die Kapelle, nach der wir links in einen Hauptweg einbiegen. Nach wenigen Metern sehen wir links das Ehrengrab für Emanuel Geibel. Lassen Sie sich nicht von dem (falschen) Geburtsdatum, dem *18. 10. 1815*, irritieren. Geibel selbst hat diesen Tag gewählt, um damit an Napoleons Niederlage während der Völkerschlacht bei Leipzig (16.–19. 10. 1813) zu erinnern. Das Familiengrab zur Rechten erinnert an die Familie Fehling, die »Hagenströms« in den *Buddenbrooks*.

An der ersten Wegkreuzung wenden Sie sich nach rechts und bleiben auf diesem Weg. Nach kurzer Zeit treffen Sie auf der linken Seite auf das Familiengrab der Manns.

Allen drei Generationen von Johann Siegmund M. d. Ä. über Johann Siegmund M. d. J. bis zum Vater der Brüder, Thomas Johann Heinrich Mann, wird hier gedacht. Heinrich Manns Urnengrab befindet sich auf dem Dorotheenstädtischen Friedhof in Berlin. Thomas Mann ist in Kilchberg bei Zürich begraben. Etwa 30 Meter weiter liegt das Ehrengrab von Ida Boy-Ed.

Der Gang führt die Eschenburgstraße zurück bis zur Travemünder Allee (im 19. Jahrhundert Israelsdorfer Allee).

Zurück in die Stadt lassen wir uns von Tony Buddenbrook führen, wobei wir ein weiteres Mal Bekanntschaft mit Thomas Manns äußerst präziser Ortsbeschreibung machen: »... es kam die Israelsdorfer Allee, der Jerusalemsberg, das Burgfeld. Der Wagen passierte das Burgtor, neben dem zur Rechten die Mauern des Gefängnisses aufragten, er rollte die Burgstraße entlang und über den Koberg ... Tony betrachtete die grauen Giebelhäuser, die über die Straße gespannten Öllampen, das Heilige-Geist-Hospital mit den schon fast entblätterten Linden davor ...«

⓴ Das Tivoli-Theater

Die kleine Gasse (Kaiserstraße), die an der Innenseite der Stadtmauer nach unten führt, endete zur Zeit Thomas Manns direkt an einem weiteren Theater der Stadt, dem Tivoli. Hier tat sich für den Jungen, neben dem offiziellen Stadttheater, die Welt des Boulevardtheaters auf, die nicht minder prägend für ihn gewesen ist, wie der folgende Ab-

Das Tivoli, die Sommerbühne. 1837 erbaut, 1902 abgebrochen

schnitt aus seinem *Versuch über das Theater* zeigt. »Man war ein Junge, man durfte das ›Tivoli‹ besuchen. Ein schlecht rasierter, fremdartig artikulierender Mann, in einer ungelüfteten Höhle, die auch am Tage von einer offenen Gasflamme erleuchtet war, verkaufte die Billette, diese fettigen Pappkarten, die ein abenteuerliches Vergnügen verbürgten. Im Saal war Halbdunkel und Gasgeruch. Der ›eiserne Vorhang‹, der langsam stieg, die gemalten Draperien des zweiten Vorhangs, das Guckloch darin, der muschelförmige Souffleurkasten, das dreimalige Klingelzeichen, das alles machte Herzklopfen. Und man saß, man sah ... Verworrene Bilder kehren zurück: Szene, Symmetrie; eine Mitteltür. Ein Armstuhl rechts, einer links. Ein Bedienter rechts, einer links. Jemand reißt von außen die Mitteltür auf, steckt zuerst den Kopf hindurch, kommt herein und klappt mit beiden Händen die Flügel hinter sich zu, wie man nie im Leben eine Tür hinter sich zuklappt ... Erregter Auftritt, Lustspielkatastrophe. Ein eleganter, kurzlockiger Jüngling, der im Zorn einen Stuhl gegen seinen Widersacher erhebt ... Bediente fallen ihm in den Arm ... Aschenputtel und die Tauben an Drähten! König Kakadu, ein Komiker mit rotem Gesicht und goldener Krone. Eine verkleidete Dame, namens Syfax, Diener der Fee, in grünen Trikots, klatscht in die Hände und bewirkt so den unglaublichsten Zauber ... Ballett, Feenglanz ... rosa Beine, ideale Beine, makellos, himmlisch, trippeln, schwirren, federn nach vorn ... Die Galoschen des Glücks ... Die Versenkung! Jemand sagt im Ärger: ›Ich wollt', ich wär', wo der Pfeffer wächst!‹, versinkt und steigt wieder auf in tropischer Landschaft, umtanzt von Wilden, wird fast gefressen ... Draußen vorm Saal war ein Ladentisch mit Kuchen, Schaumhügeln mit roter Süßigkeit auf dem Grunde.

Man vergrub die Lippen im Schaum. Bunte Lampen glühten. Und der Garten war voller Leut' ...« Auch Christian Buddenbrook ist in diesem Zusammenhang zu nennen: »Über sein Verhältnis zu einer Statistin vom Sommertheater zum Beispiel amüsierte sich die ganze Stadt, und Frau Stuht aus der Glockengießerstraße, dieselbe, die in den ersten Kreisen verkehrte, erzählte es jeder Dame, die es hören wollte, daß ›Krischan‹ wieder einmal mit der vom Tivoli auf offener, hellichter Straße gesehen worden sei.«

Das Tivoli mußte Anfang dieses Jahrhunderts großen Mietshäusern weichen. Lediglich eine bescheidene Gastwirtschaft mit dem Namen »Zum alten Tivoli« erinnert daran.

㉑ Die Große Burgstraße

auf der wir uns wieder befinden, ist Professor Unrats täglicher Weg, nur chiffriert Heinrich Mann bekanntermaßen alle örtlichen Gegebenheiten, und so taucht diese Straße ein wenig verändert auf: »Er erreichte die Siebenbergstraße, er hatte sie halb durcheilt, da ging donnernd ein Rolladen nieder vor einem Schaufenster, und Unrat blieb, einige Schritte davor, vernichtet stehen.« Aus der Burg- wird eine Bergstraße, so wie aus der Königstraße der Realität eine Kaiserstraße im Roman wird, und das bekannte Lübecker »Café Central«, gegenüber der Straße Schüssel*buden* und in der Nähe des *Kohl*marktes gelegen, wird bei Heinrich Mann zum »Café Central an den Kohlbuden.«

Das »Café Central« (Mitte, hinten), Mengstraße, Ecke Schüsselbuden, um 1900

Kurz vor dem Koberg, an der nördlichen Ecke des Heiligen-Geist-Hospitals, treffen wir auf eine Straße mit dem Namen Große Gröpelgrube. Die mittelalterliche Hospitalanlage daneben ist uns schon vom ersten Gang her bekannt.

Dieser ausgedehnte dritte Spaziergang führt nun vom Koberg in gerader Richtung zurück zum Buddenbrookhaus, indem wir nur die Breite Straße hinab- und wieder hinaufgehen, direkt auf das Kanzleigebäude zu, vor dem wir nach rechts in die Mengstraße einbiegen.

Travemünde, um 1900

Ein Ausflug
Nach »Travemünde,
dem Ferienparadies«

»Nach Travemünde geht es immer geradeaus, mit der Fähre übers Wasser und dann wieder geradeaus; der Weg war beiden wohlbekannt. Die graue Chaussee glitt flink unter den hohl und taktmäßig aufschlagenden Hufen von Lebrecht Krögers dicken Braunen aus Mecklenburg dahin, obgleich die Sonne brannte und der Staub die spärliche Aussicht verhüllte. Man hatte ausnahmsweise um ein Uhr zu Mittag gegessen, und die Geschwister waren Punkt zwei Uhr abgefahren, so würden sie kurz nach vier Uhr anlangen, denn wenn eine Droschke drei Stunden gebraucht, so hatte der Krögersche Jochen Ehrgeiz genug, den Weg in zweien zu machen.

Tony nickte in träumerischem Halbschlaf unter ihrem großen, flachen Strohhut und ihrem mit cremefarbenem Spitzen besetzten Sonnenschirm, der bindfadengrau war, wie ihr schlicht gearbeitetes, schlankes Kleid, und den sie gegen das Rückverdeck gelehnt hatte. Ihre Füße in Schuhen mit Kreuzbändern und weißen Strümpfen hatte sie zierlich übereinander gestellt; sie saß bequem und elegant zurückgelehnt, wie für die Equipage geschaffen.

Tom, schon zwanzigjährig, mit Akkuratesse in blaugraues Tuch gekleidet, hatte den Strohhut zurückgeschoben und rauchte russische Zigaretten. Er war nicht sehr groß geworden; aber sein Schnurrbart, dunkler als Haar und Wimpern, begann kräftig zu wachsen. Indem er nach seiner Gewohnheit eine Braue ein wenig emporzog, blickte er in die Staubwolken und auf die vorüberziehenden Chausseebäume.«

**❶ Weg nach Travemünde: Israelsdorfer Allee und Herrenfähre
(heute: Travemünder Allee und Herrenbrücke)**
Die Fahrt der Geschwister Buddenbrook läßt sich genau auf Ende Juli 1845 datieren. Damals ging es durch das Burgtor hinaus auf die Israelsdorfer Allee. Die Herrenfähre überquerte

Travemünde. Zeichnung von Anton Radl, um 1820

dann die Trave an der Stelle, an der sich heute die Herrenbrücke befindet, und es begann das letzte Wegstück an die Ostsee. Zweimal mußte man damals Chausseegeld bezahlen.
Heute führt eine moderne Schnellstraße und eine kurze Strecke Autobahn den Besucher in einer knappen halben Stunde von Lübeck nach Travemünde, wobei man darauf achten sollte, die Autobahn an der Ausfahrt »Skandinavienkai« zu verlassen. Man kommt dann über die Landstraße in den Ort.
Den Geschwistern Buddenbrook bot sich die folgende Szenerie: »In einer Allee von jungen Buchen fuhren sie eine Strecke ganz dicht am Meere entlang, das blau und friedlich in der Sonne lag. Der runde, gelbe Leuchtturm tauchte auf, sie übersahen eine Weile Bucht und

Bollwerk, die roten Dächer des Städtchens und den kleinen Hafen mit dem Segel- und Tauwerk der Böte.«

Wir schlagen als Startpunkt für die literarische Erkundung des Ostseebades den alten Leuchtturm am Rande des Leuchtenfeldes vor. Dort gibt es genügend Parkmöglichkeiten, und auch ein Bus fährt aus der Lübecker Innenstadt direkt dorthin.

Travemünde ist als Siedlung seit 1219 nachgewiesen. Im Jahre 1317 erhielt es Stadtrecht. Man kann sich leicht vorstellen, daß der Stadt Lübeck der direkt am Meer gelegene Ort ein Dorn im Auge gewesen sein muß, da dort die Zufahrt in die Trave und damit nach Lübeck kontrolliert werden konnte. Zumal Kaiser Friedrich I., »Barbarossa«, den Lübeckern schon 1188 die Fischereirechte auf der gesamten Trave sowie in der Pötenitzer Wiek und dem Dassower See an der Grenze zu Mecklenburg zugesprochen hatte, alles Gebiete, die unmittelbar an Travemünde grenzen. Da Lübeck im Mittelalter eine sehr reiche Stadt war, wurden solche Probleme mit Geld gelöst. 1320 erhielt Lübeck vom Holsteiner Grafen das Recht, die Befestigungsanlagen Travemündes zu schleifen, 1329 ging man den entscheidenden Schritt weiter und kaufte schlichtweg den ganzen Ort.

Ein entscheidendes Datum in der Geschichte Travemündes ist das Jahr 1802. Damals erhielt Travemünde, als einer der ersten deutschen Orte, den Titel eines Seebades. Der eigentliche Aufschwung begann 1814, als Joachim Grube ein Logierhaus und das erste Kurmittelhaus baute. Das heutige Aussehen erhielt Travemünde erst gegen Ende des 19. Jahrhunderts. 1898 wurde die erste Strandpromenade angelegt, die nach ihrer Vollendung (1908) als die eleganteste und repräsentativste Europas galt. Zu Beginn des 20. Jahrhunderts war Travemünde als Seebad in aller Munde und besaß einen durchaus exklusiven Charakter. Vor allem weil Kaiser Wilhelm II. sich häufig hier aufhielt. Seit dem 1. Januar 1913 ist Travemünde ein Stadtteil Lübecks.

Auch Schriftsteller besuchten das Seebad. Gogol und Turgenjew kamen auf ihren Reisen über die Ostsee hier an Land, Dostojewski flüchtete vor seinen Gläubigern hierher, und Kafka sah sich 1914 das Strandleben in Travemünde an. Eine Geschichte der ganz besonderen Art verbindet Richard Wagner mit Lübecks »schönster Tochter«. Ungünstige Windverhältnisse hielten ihn 1837 in Travemünde fest, als er nach Riga weiterreisen wollte. Eine gute Woche mußte er auf Wetterbesserung warten. In seiner Autobiographie heißt es dazu: »In einer elenden Schifferkneipe mußte ich diese widerwärtige Zeit zu überstehen suchen; ohne Mittel der Unterhaltung griff ich unter anderem zur Lektüre des Volksbuches vom *Till Eulenspiegel*, welches mich zuerst auf den Gedanken einer echt deutschen komischen Oper brachte. Als ich dann um so vieles später endlich die Dichtung meines *Jungen Siegfried* entwarf, entsinne ich mich, daß Erinnerungen aus diesem traurigen Aufenthalt in Travemünde und an die Lektüre des *Eulenspiegel* lebhaft hierbei wieder in mir wach wurden.«

Fragt man nach der Bedeutung Travemündes für Thomas Mann, dann muß

Richard Wagner

man seine spezifische Disposition berücksichtigen. Er war sicher nicht der »normale« Sohn eines Senators, der das Katharineum, das angesehenste Gymnasium der Stadt, besuchte, um später die Firma zu übernehmen. Was er liebte, waren nicht die praktischen Dinge des Lebens, etwa das Auswendiglernen der Namen firmeneigener Speicher, sondern etwas anderes. Er schaffte sich daher Fluchtmöglichkeiten, Refugien, geschützte Räume und Zeiten, die das Glück seiner Jugend ausmachten.

Einer dieser Räume ist das Meer in Travemünde, wo jedes Jahr von 1882 bis 1891 die Sommerferien verbracht wurden. Noch 1926, vierzig Jahre nach den Ferien der Kinderzeit, ist die Bewegtheit in seinen Worten zu spüren, wenn er seinen Mitbürgern in der Rede *Lübeck als geistige Lebensform* über diese Zeit berichtet:

»Da ist das *Meer*, die Ostsee, deren der Knabe zuerst in Travemünde ansichtig wurde, dem Travemünde von vor vierzig Jahren mit dem biedermeierlichen alten Kurhaus, den Schweizerhäusern und dem Musiktempel, in dem der langhaarig-zigeunerhafte kleine Kapellmeister Heß mit seiner Mannschaft konzertierte und auf dessen Stufen, im sommerlichen Duft des Buchsbaums, ich kauerte – Musik, die erste Orchestermusik, wie immer sie nun beschaffen sein mochte, unersättlich in meine Seele ziehend. An diesem Ort, in Travemünde, dem Ferienparadies, wo ich die unzweifelhaft glücklichsten Tage meines Lebens verbracht habe, Tage und Wochen, deren tiefe Befriedigung und Wunschlosigkeit durch nichts Späteres in meinem Leben, das ich doch heute nicht arm nennen kann, zu übertreffen und in Vergessenheit zu bringen war, – an diesem Ort gingen das Meer und die Musik in meinem Herzen eine ideelle, eine Gefühlsverbindung für immer ein, und es ist etwas geworden aus dieser Gefühls- und Ideenverbindung – nämlich Erzählung, epische Prosa.«

Hier wird eine Brücke geschlagen von den Kindheitstagen in der Heimat, zur Kunst, zur »epischen Prosa«. Das Musikalische der Kunst Thomas Manns, die Tatsache, daß seine Werke gleichsam in Worte gefaßte Partituren sind, ist von den Kritikern der ersten Stunde an immer wieder betont worden. Und noch etwas anderes wird bei den Schilderungen von Travemünde und besonders der Ostsee deutlich: Thomas Mann war im Grunde vor allem ein Menschenschilderer. Das Aussehen der handelnden Personen und ihre seelischen Zustände hat er in allen Nuancen beschrieben.

Strandleben in Travemünde, Anfang dieses Jahrhunderts

Die Naturschilderungen nehmen dagegen einen eher geringen Raum in seinen Romanen ein. Eine Ausnahme bildet einzig die See, das Meer. Dies erklärt dann auch die Intensität der Bilder, die bei der Darstellung Travemündes entstehen. Es sind die Erinnerungen an die Kindheit, und gleichzeitig steht das Meer für die nach außen gewendete Seele. Hier wird Natur beschrieben, um damit etwas über die Menschen, die sie erleben, auszusagen.

Diese Wirkung Travemündes als etwas Besonderes, das die gestalterische Phantasie anregt, kennen auch andere Schriftsteller, die das Ostseebad besucht haben. So etwa Eichendorff, der über Lübeck selbst nur einige wenige Zeilen schreibt, über Travemünde aber mehrere begeisterte Seiten füllt. Auch er fährt mit der Kutsche, einige Jahre vor der Zeit von Tony und Tom. In seinem Tagebuch beschreibt er das Erlebnis folgendermaßen:

»Die Gegend senkt sich immer mehr abwärts, wird immer wilder und seltsamer. Kleine Wäldchen von niedrigem Nadelholze strecken sich an langen Sümpfen und Seen hin, und Schiffe von bedeutender Größe segeln auf der Trave, die sich bei Travemünde ins Meer stürzt, auf und ab. Mit der gespanntesten Erwartung sahen wir dem Augenblicke entgegen, wo wir das Meer zu Gesicht bekommen würden. Endlich, als wir den Gipfel der letzten Anhöhe von Travemünde erreicht hatten, lag plötzlich das ungeheure Ganze vor unseren Augen, und überraschte uns so fürchterlich, daß wir alle in unserem Innersten erschraken. Unermeßlich erstreckten sich die grausigen Fluten in unabsehbare Fernen. In schwindlichter Weite verfloß die Riesen-Wasserfläche mit den Wolken, und Himmel und Wasser schienen Ein unendliches Ganze zu bilden. Im Hintergrunde ruhten ungeheuere Schiffe, wie an den Wolken aufgehangen. Trunken von dem himmlischen Anblicke erreichten wir endlich Travemünde.«

Wir haben hier ein besonders schönes Beispiel für die poetische Inspiration vor uns, die Travemünde bei großen Schriftstellern auslösen konnte. Natürlich »stürzt« sich die Trave nicht ins Meer, und einen grausigen Anblick macht die Ostsee im Sommer beileibe nicht – aber das zielt am Kern der Sache vorbei. Nicht die realistische Schilderung steht im Vordergrund, sondern die inspirative Kraft eines Ortes.

Solchermaßen eingestimmt, beginnt man den Spaziergang durch Travemünde am besten am Leuchtturm und dem davorliegenden Leuchtenfeld.

❷ Das Leuchtenfeld

Noch am Ende des 18. Jahrhunderts war dies die Viehweide der Einwohner gewesen. Ein plastischer Eindruck davon, wie man sich diesen Bereich zu Zeiten der Buddenbrooks vorstellen muß, als der Badebetrieb schon einige Jahrzehnte den Ort beherrschte, zeigt die Szenerie, die der kleine Hanno am ersten Ferientag vor sich hat, als er morgens, nach dem Aufwachen, aus dem Fenster seines Feriendomizils blickt: »Das Leuchtenfeld, das seinen Namen nach dem Leuchtturm trug, der irgendwo zur Rechten aufragte, dehnte sich unter dem weißlich bezogenen Himmel aus, bis sein kurzes, von kahlen Erdflecken unterbrochenes Gras in hohe und harte Strandgewächse und dann in Sand überging, dort, wo man die Reihen der kleinen, hölzernen Privatpavillons und der Sitzkörbe unterschied, die auf die See hinausblickten. Sie lag da, die See, in Frieden und Morgenlicht, in flaschengrünen und blauen, glatten und gekrausten Streifen, und ein Dampfer kam zwischen den rotgemalten Tonnen, die ihm das Fahrwasser bezeichneten, von Kopenhagen daher, ohne daß man zu wissen brauchte, ob er ›Najaden‹ oder ›Friederike Oeverdieck‹ hieß.«

Auch in der Erzählung *Wie Jappe und Do Escobar sich prügelten*, 1911 erschienen, taucht das Leuchtenfeld an zentraler Stelle auf. Die Prügelei zwischen den beiden Konkurrenten findet nämlich dort statt, und zwar »in den Sommerferien an einem bruthehißen Tag mit mattem Landwind und flacher, weit zurückgetretener See«.

Der Kampfplatz wird so geschildert: »Auf den Dünen brütete die Sonne und entlockte dem spärlich und dürr bewachsenen Boden, den Stranddisteln, den Binsen, die uns in die Beine stachen, seinen trockenen und hitzigen Duft. Nichts war zu hören als das ununterbrochene Summen der metallblauen Fliegen, die scheinbar unbeweglich in der schweren Wärme standen, plötzlich den Platz wechselten und an anderer Stelle ihren scharfen und monotonen Gesang wieder aufnahmen. [...] Das scharfe Dünengras war in sandiges Moos, in mageren Wiesengrund übergegangen, es war das Leuchtenfeld, wo wir schritten, so genannt nach dem gelben und runden Leuchtturm, der links in großer Entfernung emporragte.«

❸ Der Alte Travemünder Leuchtturm (1539)

Den Leuchtturm beschreibt Joseph von Eichendorff ganz genau: »Jetzt hatten wir auch Gelegenheit, den Leuchtturm näher zu besehen. Auf der Seeseite hat er ein ungeheuer großes Fenster, hinter welchem jede Nacht eine Menge Lampen angezunden werden, deren Schein durch einen hinten angebrachten metallenen Hohlspiegel auf das Meer zu geworfen wird.«

Ein »friedlicher Ort, von Menschen fast nie begangen«, wie es bei Thomas Mann heißt, ist diese Gegend heute zwar nicht mehr, aber der Rest Wiese zwischen Leuchtturm und Ostsee läßt vielleicht noch ein wenig von der damaligen Atmosphäre erahnen.

Vom Leuchtturm aus kommt man mit wenigen Schritten zum Kurhaus-Hotel und zum Kursaal.

❹ Kurhaus-Hotel und Kursaal

Hier und im angrenzenden Kurgarten spielte sich schon zu Zeiten der Manns das gesellschaftliche Leben ab. So sagt Tom bei der Einfahrt nach Travemünde zu seiner Schwester:

»›Ja‹, sagte er, ›was das betrifft, im Kurgarten wimmelt es von Hamburgern. Konsul Fritsche, der das Ganze gekauft hat, ist ja selbst einer ... Er soll augenblicklich glänzende Geschäfte machen, sagt Papa ... Übrigens läßt du dir doch manches entgehen, wenn du nicht ein bißchen mittust ... Peter Döhlmann ist natürlich dort; um diese Zeit ist er nie in der Stadt; sein Geschäft geht ja wohl von selbst im Hundetrab ... komisch! Na ... Und Onkel Justus kommt sicher sonntags ein bißchen hinaus und macht der Roulette einen Besuch ... Dann sind die Möllendorpfs und Kistenmakers, glaube ich, vollzählig, und Hagenströms ...‹«

Satirischer ist die Beschreibung Heinrich Manns in *Professor Unrat*:

»Die Familie besuchte das nahe gelegene Seebad. Sie wohnte im Kurhotel und hatte am Strande eines der hölzernen Chalets inne. Die Künstlerin Fröhlich trug weiße Schuhe und weiße Federboas zu weißen Voilekleidern. Sie sah frisch und luftig aus mit dem flatternden weißen Schleier an ihrem Crêpelisse Hut und mit ihrem weißen Kind an der Hand. Auch Unrat bekam einen weißen Strandanzug. Auf der Bretterpromenade, an den langen Dünen hin, ward ihnen aus allen Holzhütten mit den Operngläsern nachgesehen; und jemand aus der Stadt erzählte Fremden ihre Geschichte.«

Das Zentrum des Kur- und Badelebens bestand aus dem Kurgarten mit Kieswegen und Rosenbeeten, dem mondänen Speisehaus, dem Logierhaus, der Konditorei, den beiden Schweizerhäusern und dem diesen gegenüberliegenden Musiktempel. Daran schlossen sich in kurzer Entfernung die Stallgebäude an. Dort konnte man reiten, sogar auf Eseln, wie es ebenfalls in *Professor Unrat* berichtet wird:

»Immer war man guter Dinge. Man ritt auf Eseln, Unrat mit verlorengegange-

Das alte Kurhaus-Areal mit Kurhotel, um 1890

Saison 1953
jetzt wieder...
KURHAUS TRAVEMÜNDE
Starparaden 1953
„La Belle Epoque"
jeden
Mittwoch 16 Uhr im Festsaal
u. Sonntag in der Blumen-Terrasse
zum 5 Uhr Tee.
KURHAUS-RECEPTION

Konditorei und Schweizer Häuser, um 1890

nen Steigbügeln und an die Mähne geklammert, im Galopp bei der Kurmusik vorbei, grade zur Stunde des Konzerts. Die Künstlerin Fröhlich kreischte, das Kind jauchzte, und an den Tischen fielen saure Bemerkungen.«

Es gab auch eine Kegelbahn und einen Schießstand. Besonders erwähnenswert ist die Spielbank. Seit 1822 in Betrieb und vom Senat nur inoffiziell geduldet, erhielt Heinrich Behrens 1833 eine offizielle Konzession, die er bis 1872 behielt. Von da an verbot das strenge Bundesgesetz das Glücksspiel. Seit 1949 ist der Spielbetrieb wieder erlaubt worden.

Linke Seite:
Thomas Mann vor dem Kurhaus,
Juni 1953

❺ Die Schweizerhäuser

»In einem der beiden Schweizerhäuser, welche, durch einen schmalen Mittelbau verbunden, mit der Konditorei und dem Hauptgebäude des Kurhauses eine gerade Linie bildeten: welch ein Erwachen, am ersten Morgen, nachdem tags zuvor ein Vorzeigen des Zeugnisses wohl oder übel überstanden und die Fahrt in der bepackten Droschke zurückgelegt war! Ein unbestimmtes Glücksgefühl, das in seinem Körper emporstieg und sein Herz sich zusammenziehen ließ, schreckte ihn auf ... er öffnete die Augen und umfaßte mit einem gierigen und seligen Blick die altfränkischen Möbel des reinlichen kleinen Zimmers ... Eine Sekunde schlaftrunkener, wonniger Verwirrung – und dann begriff er, daß er in Travemünde war, für vier unermeßliche Wochen in Travemünde!«

Der Musiktempel, um 1890

❻ Der Musiktempel
Der Musiktempel stand zu Zeiten der Manns genau gegenüber dem heutigen Kurhaus-Hotel.
Tony »hatte ihren großen Strohhut aufgesetzt und ihren Sonnenschirm aufgespannt, denn es herrschte, obgleich ein kleiner Seewind ging, heftige Hitze. Der junge Schwarzkopf schritt, in seinem grauen Filzhut, sein Buch in der Hand, neben ihr her und betrachtete sie manchmal von der Seite. Sie gingen die Vorderreihe entlang und spazierten durch den Kurgarten, der stumm und schattenlos mit seinen Kieswegen und Rosenanlagen dalag. Der Musiktempel, zwischen Nadelbäumen versteckt, stand schweigend dem Kurhaus, der Konditorei und den beiden, durch ein langes Zwischengebäude verbundenen Schweizerhäusern gegenüber.«
Dies alles ist jetzt Neubauten gewichen. Das letzte der beiden Schweizerhäuser wurde 1962 abgerissen, als der neue Kursaal eröffnet wurde.
Vom Kurhaus-Hotel aus gibt es zwei Wege, Travemünde weiter zu erkunden. Wir schlagen vor, zuerst zur direkt an der Trave gelegenen Vorderreihe zu gehen, an deren Ende sich der alte Orts-

ter weiter in Richtung Lübeck liegt. An der Vorderreihe wohnte damals, wer sich mit einem einfachen Quartier zufrieden gab und dem Badebetrieb entfliehen wollte, so auch Tony, die in der Vorderreihe 53 beim alten Lotsenkommandeur Schwarzkopf logierte. An der Stelle des damaligen Wohnhauses steht heute ein modernes Geschäftshaus.

»Dann fuhren sie zwischen den ersten Häusern hindurch, ließen die Kirche zurück und rollten die Vorderreihe, die sich am Fluße hinzog, entlang bis zu einem hübschen kleinen Hause, dessen Veranda dicht mit Weinlaub bewachsen war.«

Vor der Tür wartet schon der Gastgeber auf Tony und Tom, und man setzt sich an den Kaffeetisch. Der Blick, der sich damals bot, unterscheidet sich nicht grundlegend von dem, was man heute von der Vorderreihe aus sehen kann.

kern mit der St.-Lorenz-Kirche (1556 geweiht) und den alten Kapitänshäusern um den Kirchplatz herum befindet. Dies ist ein Gang von wenigen Minuten. Wenn man zum Meer blickt, muß man sich dazu rechts halten.

❼ Die Vorderreihe

Heute liegen dort Ausflugsdampfer, auf denen man kurze Fahrten auf die Ostsee machen kann. Die größeren Schiffe, die nach Schweden, Finnland und bis hin nach Rußland fahren, gehen vom Skandinavienkai ab, der einen Kilome-

❽ Der Priwall und die Fähre

»Zwischen den grünbewachsenen Pfeilern der Veranda hindurch blickte man auf den breiten, in der Sonne glitzernden Fluß mit Kähnen und Landungsbrücken und hinüber zum Fährhaus auf dem Priwall, der vorgeschobenen Halbinsel Mecklenburgs.«

Wer einen schönen Strandspaziergang auf den Spuren Thomas Manns machen möchte, der geht vom Kurgarten aus wenige Schritte ans Meer. Dann kommt man auf die Seepromenade, die sich am Strand entlangzieht.

❾ Strand mit Promenade

Im Sommer findet sich hier eine große Anzahl Strandkörbe, die den Blick auf den sandigen Grund beinahe verstellen. Für das 19. Jahrhundert muß man sich das Badeleben ein wenig anders vorstellen. Es gab noch nicht den Strandkorb, sondern den Badekarren. Mit den Worten Eichendorffs:

»Darauf betrachteten wir uns die sonderbare Einrichtung der Seebäder. Es sind dies nämlich eine Reihe von Karren, die längst dem Ufer des Meeres hinstehen. Jeder dieser Karren besteht aus einem kleinen niedlichen Stübchen, mit Stühlen, Stiefelknecht und allen Bequemlichkeiten, das auf 2 Rädern steht, und auf der Seeseite ganz offen ist. Hat sich nun der zu Badende in die kleine Wohnung einlogiert, so wird sie einige Schritte weit ins Meer hineingeschoben, und er kann sich nun auf einer vorn angebrachten Strickleiter ohne alle Gefahr so tief in die See herablassen, als er Lust hat.«

Ein Gang auf der Strandpromenade ist auch heute noch, besonders bei schönem Sommerwetter, ein Erlebnis. Wer dies tut – hin und zurück sind es etwa vier Kilometer –, der kann sich zurückversetzt fühlen in eines der anrührendsten Kapitel der *Buddenbrooks*.

Tony Buddenbrook soll den schrecklichen Herrn Grünlich heiraten. Der Vater schickt sie für mehrere Wochen nach Travemünde, ins Haus des Lotsenkommandeurs Schwarzkopf, wo sie auf andere Gedanken kommen soll. Die Ankunft im Haus an der Vorderreihe ist schon geschildert worden. Dort trifft sie Morten, den Sohn des Hauses, Student in Göttingen. Es entspinnt sich eine zarte Liebesgeschichte, die dann zwar aufgrund der Familienzwänge

Seebadeanstalt Travemünde. Zeichnung von 1822

kein glückliches Ende findet, aber lebenslange Spuren bei Tony Buddenbrook hinterläßt. Die beiden machen im Roman häufig Strandspaziergänge, wie etwa den folgenden:
»Sie gingen den Strand entlang, ganz unten am Wasser, dort wo der Sand von der Flut benetzt, geglättet und gehärtet ist, so daß man mühelos gehen kann; wo kleine, gewöhnliche, weiße Muscheln verstreut liegen und andere, längliche, große, opalisierende; dazwischen gelbgrünes, nasses Seegras mit runden, hohlen Früchten, welche knallen, wenn man sie zerdrückt; und Quallen, einfache, wasserfarbene sowohl wie rotgelbe, giftige, welche das Bein verbrennen, wenn man sie beim Baden berührt ...

Sie gingen, das rhythmische Rauschen der langgestreckten Wellen neben sich, den frischen Salzwind im Gesicht, der frei und ohne Hindernis daherkommt, die Ohren umhüllt und einen angenehmen Schwindel, eine gedämpfte Betäubung hervorruft ... Sie gingen in diesem weiten, still sausenden Frieden am Meere, der jedes kleine Geräusch, ob fern oder nah, zu geheimnisvoller Bedeutung erhebt ...«
Am Ende der Promenade gelangt man an das Brodtener Steilufer.

❿ Das Brodtener Steilufer
Hier ist dann nur noch ein ganz kleines Strandstück begehbar, das sich zwischen der Meeresbucht und der steil aufragenden Lehmwand hindurchschlängelt. Bei starkem Wind ist ein Durchkommen nicht möglich, da das Wasser bis an das Ufer schlägt.

Auch Tony und Morten gelangen dorthin, und sie suchen »ihren« ganz »persönlichen« Platz auf.
Wer einen eindrucksvollen Blick auf die Ostsee genießen möchte, sollte hier auf den Spuren der beiden wandeln. Eine Kletterpartie ist freilich zu gefährlich, so daß man am besten die Straße benutzt, die links hinter der Badeanstalt auf die Anhöhe führt. Hier gab es zu Thomas Manns Zeiten einen Aussichtspavillon.

⓫ Der Seetempel
»Links befanden sich zerklüftete Abhänge aus gelbem Lehm und Geröll, gleichförmig, mit immer neu hervorspringenden Ecken, welche die Biegung der Küste verdeckten. Hier irgendwo, weil der Strand zu steinig wurde, kletterten sie hinauf, um droben durch das Gehölz den ansteigenden Weg zum Seetempel fortzusetzen. Der Seetempel, ein runder Pavillon, war aus rohen Borkenstämmen und Brettern erbaut, deren Innenseiten mit Inschriften, Initia-

len, Herzen, Gedichten bedeckt war ... Tony und Morten setzten sich in eine der kleinen abgeteilten Kammern, die der See zugewandt waren und in denen es nach Holz roch wie in den Kabinen der Badeanstalt, auf die schmale, roh gezimmerte Bank im Hintergrunde.
Es war sehr still und feierlich hier oben um diese Nachmittagsstunde. Ein paar Vögel schwatzten, und das leise Rauschen der Bäume vermischte sich mit dem des Meeres, das sich dort tief unten ausbreitete und in dessen Ferne das Takelwerk eines Schiffes zu sehen war. Geschützt vor dem Winde, der bislang um ihre Ohren gespielt hatte, empfanden sie plötzlich eine nachdenkliche Stille.«
Auf dem Rückweg zum Ort sollte man kurz am Ende des Steilufers halten.

⓬ Der Möwenstein

Der Möwenstein, wo sich heute die gleichnamige Badeanstalt befindet, liegt am Rande von Travemünde und stellt von daher ein doppeltes Refugium dar. Er ist nicht nur weit weg von Lübeck, nämlich in Travemünde, dem Reich der Freiheit, sondern auch noch am Rande dieses Fluchtpunktes. Hier kulminiert die Romanze zwischen Tony und Morten am Ende ihres Aufenthaltes an der Ostsee, gegen Mitte September, kurz bevor der unausstehliche Herr Grünlich kommt und seine Ansprüche unzweifelhaft geltend macht. Diese Szene mag am Ende des Ausfluges nach Travemünde stehen:
»Die Saison war völlig zu Ende. Der Teil des Strandes, den sonst die Menge der Badegäste bevölkerte und wo jetzt die Pavillons zum Teil schon abgebrochen waren, lag mit wenigen Sitzkörben fast ausgestorben da. Aber Tony und Morten lagerten nachmittags in einer entfernten Gegend: dort, wo die gelben Lehmwände begannen und wo die Wellen am ›Möwenstein‹ ihren Gischt hoch emporschleuderten. Morten hatte ihr einen festgeklopften Sandberg getürmt: daran lehnte sie mit dem Rücken, die Füße in Kreuzbandschuhen und weißen Strümpfen übereinandergelegt, in ihrer weichen grauen Herbstjacke mit großen Knöpfen; Morten, ihr zugewandt, lag, das Kinn in die Hand gestützt, auf der Seite. Eine Möwe schoß dann und wann über die See und ließ ihren Raubvogelschrei vernehmen. Sie sahen die grünen, mit Seegras durchwachsenen Wände der Wellen an, die drohend daherkamen und an dem Steinblocke zerbarsten, der sich ihnen entgegenstellte ... in diesem irren, ewigen Getöse, das betäubt, stumm macht und das Gefühl der Zeit ertötet.«
Wir kehren über die Strandpromenade oder die parallel dazu verlaufende Kaiserallee in den Ort zurück, von wo aus wir nach Lübeck zurückfahren.

Thomas Mann auf der Seepromenade von Travemünde, 1953

Quellenverzeichnis und Zitatnachweis

Andersen, Hans Christian: Die frühen Reisebücher. Hanau 1984 *Seite 8f.*
Begegnung mit Lübeck 1845–1970. Lübeck 1970
Benn, Gottfried: Briefe. Bd. 1. Briefe an F. W. Oelze 1932–1945. Hrsg. von H. Steinhagen/ J. Schröder. Stuttgart 1979 *Seite 19*
Beuermann, Eduard: Skizzen aus den Hansestädten. Hanau 1836 *Seite 11*
Crepon, Tom (Hrsg.): Eine Stadt wie aus Marzipan. Das große Lübeck-Lesebuch. Rostock 1993
Deecke, Ernst: Lübische Geschichten und Sagen. 9. Aufl. Lübeck 1973
Eichendorff, Joseph Freiherr von: Tagebücher. In: Sämtliche Werke. Historisch-kritische Ausgabe. Hrsg. v. Wilhelm Kosch und August Sauer. Band 11. Regensburg 1908 ff. *Seite 7 f., 134 ff., 142*
Eschenburg, Theodor: Also hören Sie mal zu. Geschichte und Geschichten 1904 bis 1933. Berlin 1995
Fontane, Theodor: Reisenotizen aus Schleswig-Holstein 1864. Herausgegeben und kommentiert von Sonja Wüsten. In: Fontane-Blätter, Bd. 4, H. 5. Potsdam 1979 *Seite 10*
Humboldt, Wilhelm von: Tagebuch von seiner Reise nach Norddeutschland im Jahre 1796. Weimar 1894 *Seite 7*
Lübeck in alten und neuen Reisebeschreibungen. Ausgewählt von Henning Berkefeld. Düsseldorf 1991
Lübeck. Ein Lesebuch. Die Stadt Lübeck in Erzählungen, Romanen, Tagebüchern, Lebenserinnerungen, Briefen, Reisebeschreibungen und Kindergedichten sowie Gedichten von einst und jetzt. Gesammelt und herausgegeben von Horst Kutzer. 2. Aufl. Husum 1993
Lübecker Lesebuch. Bestandsaufnahme seit 1950. Hrsg. von Rudolf Wolff. Lübeck 1981
Mann, Heinrich: Ein Zeitalter wird besichtigt. Erinnerungen. Frankfurt 1988 *Seite 11 f.*
Mann, Heinrich: Eugenie oder Die Bürgerzeit. Berlin 1987 *Seite 123 f.*
Mann, Heinrich: Empfang bei der Welt. Roman. Frankfurt 1988 *Seite 20 f.*
Mann, Heinrich: Herr Gewert. In: Heinrich Mann: Novellen III. Weimar 1978 *Seite 44*
Mann, Heinrich: Der Maskenball. In: Heinrich Mann: Novellen III. Weimar 1978 *Seite 48 ff.*
Mann, Heinrich: Professor Unrat oder Das Ende eines Tyrannen. Roman. Frankfurt: 1989 *Seite 55, 59 f., 79, 87 ff., 110, 118, 127, 137, 139*
Mann, Heinrich: Briefe an Ludwig Ewers 1889–1913. Berlin und Weimar 1980 *Seite 59f.*
Mann, Thomas: Ansprache in Lübeck. In: Gesammelte Werke in dreizehn Bänden. Frankfurt: Fischer 1974, Band XI, S. 533–536 [Dankrede für die Ehrenbürgerwürde] *Seite 82 f.*
Mann, Thomas: Bilse und Ich. In: Gesammelte Werke. Band X, S. 9–22 *Seite 12*
Mann, Thomas: Briefe aus Deutschland. Fünfter Brief. In: Gesammelte Werke. Band XIII, S. 300–306 [Über Barlach] *Seite 63*
Mann, Thomas: Buddenbrooks. Verfall einer Familie. Gesammelte Werke. Band 1. *Seite 20 f., 41, 44, 48, 55, 61, 66 f., 73, 76 f., 79 f., 103, 107, 109 f., 119 ff., 125, 130 ff., 136 f., 139–145*
Mann, Thomas: Briefe an Otto Grautoff 1894–1901 und Ida Boy-Ed 1903–1928. Hrsg. von Peter de Mendelssohn. Frankfurt 1975
Mann, Thomas: Deutsche Hörer. In: Gesammelte Werke. Bd. XI, S. 983–1123 *Seite 77 f.*
Mann, Thomas: Doktor Faustus. Gesammelte Werke. Bd. VI. *Seite 46, 60*
Mann, Thomas: Ein Nachwort. In: Lübecker General-Anzeiger vom 7. November 1905 *Seite 19 f.*
Thomas Mann: Glückwunsch zum 75. Geburtstag von Ida Boy-Ed. In: Gesammelte Werke. Band XIII, S. 826–828 *Seite 114*
Mann, Thomas: Gruß an St. Marien zu Lübeck. Ein Brief an die Lübecker Nachrichten. In: Gesammelte Werke. Band XIII, S. 804–805 *Seite 78*
Mann, Thomas: Im Spiegel. In: Gesammelte Werke. Band XI, S. 329–333 *Seite 64 f.*
Mann, Thomas: Lebensabriß. In: Gesammelte Werke. Bd. XI, S. 98–144 *Seite 66*
Mann, Thomas: Lübeck als geistige Lebensform. In: Gesammelte Werke. Bd. XI, S. 376–398 *Seite 46, 133*
Mann, Thomas: Tonio Kröger. In: Gesammelte Werke. Bd. VIII, S. 271–338 *Seite 29, 80, 92, 98, 101 f., 104*
Mann, Thomas: Versuch über das Theater. In: Gesammelte Werke. Bd. X, S. 23–62 *Seite 47, 126 f.*
Mann, Thomas: Vom Beruf des deutschen Schriftstellers in unserer Zeit. Ansprache an den Bruder. In: Gesammelte Werke. Band X, S. 306–315 *Seite 11 f.*

Mann, Thomas: Wie Jappe und Do Escobar sich prügelten. In: Gesammelte Werke. Band VIII, S. 427-443 *Seite 135 f.*
Thomas Mann an Ernst Bertram. Briefe aus den Jahren 1910-1955. Hrsg. von Inge Jens. Pfullingen 1960 *Seite 75*
Thomas Mann an Gustav Radbruch, 25. Oktober 1934. In: Heinrich und Thomas Mann. Ihr Leben und Werk in Text und Bild. A.a.O., S. 344 f. *Seite 117*
Thomas Mann, Heinrich Mann: Briefwechsel 1900-1949. Hrsg. von Hans Wysling. Frankfurt 1984
Mühsam, Erich: Unpolitische Erinnerungen. In: Ausgewählte Werke. Band 2. Hrsg. von Chrislieb Hirte unter Mitarbeit von Roland Links und Dieter Schiller. 2. Aufl. Berlin 1985, S. 475-670 *Seite 68*
Mühsam, Erich: Selbstbiographie. In: Ausgewählte Werke. Band 1. Berlin 1985, S. 165-170 *Seite 68f.*
Reventlow, Else (Hrsg.): Franziska Gräfin zu Reventlow. Briefe 1890-1917. München 1975 *Seite 79*
Schoof, Wilhelm: Der Dichter des Deutschlandliedes in Lübeck. In: Der Wagen. Ein Lübeckisches Jahrbuch. Lübeck 1962, S. 111-113 *Seite 118*
Spies, Hans-Bernd: Franz Kafka in Lübeck 1914. In: Der Wagen. Ein Lübeckische Jahrbuch. Lübeck 1990 *Seite 10 f.*
Voß, Johann Heinrich an Ernst Th. J. Brückner. In: Briefe von Johann Heinrich Voß. Hrsg. v. Abraham Voß. Band 1. Halberstadt 1829 *Seite 82*
Wagner, Richard: Mein Leben. Eine authentische Veröffentlichung. München 1963 *Seite 132*
Willkomm, Ernst: Wanderungen an der Nord- und Ostsee. Leipzig 1850 *Seite 10 f.*

Weiterführende Literatur

200 Jahre Beständigkeit und Wandel bürgerlichen Gemeinsinns. Gesellschaft zur Beförderung gemeinnütziger Tätigkeit in Lübeck 1789-1989. Lübeck 1988
Albrecht, Dietmar: Literaturreisen Schleswig-Holstein. Stuttgart und Dresden 1993
Anger, Sigrid (Hrsg.): Heinrich Mann 1871-1950. Werk und Leben in Dokumenten und Bildern. Mit unveröffentlichten Manuskripten und Briefen aus dem Nachlaß. Berlin und Weimar. 2. Aufl. 1977
Bilder aus Lübecks Vergangenheit. Zusammengestellt von Theodor Schwartz. Lübeck 1905
Brehmer, W.: Lübeckische Häusernamen nebst Beiträgen zur Geschichte einzelner Häuser. Lübeck 1890
Bremse, Uwe und Fuchs, Horst: Travemünde. Lübecks modernes Seebad mit Tradition. Lübeck 1993
Bruns, Alken (Hrsg.): Lübecker Lebensläufe aus neun Jahrhunderten. Neumünster 1993
Buddenbrooks-Handbuch. Hrsg. von Ken Moulden und Gero von Wilpert. Stuttgart 1988
Bürgin, Hans und Mayer, Hans-Otto: Thomas Mann. Eine Chronik seines Lebens. Frankfurt 1965
Dehio, Georg: Handbuch der Deutschen Kunstdenkmäler. Hamburg, Schleswig-Holstein. München, Berlin 1994
Die Freien und Hansestädte Hamburg und Lübeck. Geschildert von Rudolf Löffler mit 24 Originalstichen von J. Poppel und M. Kurz. München 1845 (Galerie europäischer Städte, Bd. 6)
Dittrich, Konrad: Lübeck und Travemünde. Hamburg 1995
Dräger, Hartwig (Hrsg.): Buddenbrooks. Dichtung und Wirklichkeit. Bilddokumente. Lübeck 1993
Ebel, Wilhelm: Der literarische Streit um den Konkurs Rodde vom Jahre 1810. In: Zeitschrift des Vereins für Lübeckische Geschichte und Altertumskunde. Bd. 51. 1975, S. 29 ff.
Eickhölter, Manfred und Hammel-Kiesow, Rolf (Hrsg.): Ausstattungen Lübecker Wohnhäuser. Raumnutzungen, Malereien und Bücher im Spätmittelalter und in der frühen Neuzeit. Neumünster 1993
Engelhardt, Dietrich von: Die Germanistenversammlung 1847 in Lübeck. In: Der Wagen. Eine Lübeckisches Jahrbuch. Lübeck 1988, S. 76-90.
Fehling, Ferdinand: Aus meinem Leben. Leipzig 1929
Göhler, Christine: Emanuel Geibel. Ein Lebensbild in Selbstzeugnissen und Berichten seiner Freunde. Schellhorn 1992
Goll, Klaus Rainer (Hrsg.): Treffpunkt 3. Lübecker Autoren und ihre Stadt. Lyrik und Prosa. Lübeck 1993
Graßmann, Antjekathrin (Hrsg.): Lübeckische Geschichte. 2. Aufl. Lübeck 1989
Grusnick, Bruno: Wie Hugo Distler Jakobiorganist in Lübeck wurde. (Sonderdruck aus: Musik und Kirche, Jg. 28, H. 3)
Hage, Volker: Eine Liebe fürs Leben. Thomas Mann und Travemünde. Hamburg 1993

Hausbau in Lübeck. Jahrbuch für Hausforschung, Band 35. Sobernheim 1986
Havemann, Julius: Geschichte der schönen Literatur in Lübeck. Lübeck 1926
Heftrich, Eckhard/Schneider, Peter-Paul/Wißkirchen, Hans (Hrsg.): Heinrich und Thomas Mann. Ihr Leben und Werk in Text und Bild. Katalog zur ständigen Ausstellung im Buddenbrookhaus der Hansestadt Lübeck. Lübeck 1994
Herrmann, Ursula: Hugo Distler. Rufer und Mahner. Berlin 1972
Hirte, Chris: Erich Mühsam. Biographie. Berlin 1985
Historische Häuser in Lübeck. Manfred Finke, Robert Knüppel, Klaus Mai und Ulrich Büning. Lübeck 1986
Höppner, A.: Lübeck – eine Hansestadt macht Geschichte. Lübeck o.J.
Höppner, Annaluise: Eine Fahrt zu den Sommerhäusern & Gärten in den alten Lübecker Vorstädten mit einer kleinen Kulturgeschichte am Rande des Weges. Lübeck 1993
Hoffmann, Max: Die Straßen der Stadt Lübeck. Lübeck 1909
Kallen, Peter W.: Skulptur am Bau in der Lübecker Altstadt. Lübeck 1990
Katharineum zu Lübeck. Festschrift zum 450-jährigen Bestehen am 19. März 1981. Lübeck 1981
Kern, Bärberl und Kern, Horst: Madame Doctorin Schlözer. Ein Frauenleben in den Widersprüchen der Aufklärung. München: 1988
Klöcking, Johannes: 800 Jahre Lübeck. Kurze Stadt- und Kulturgeschichte. Lübeck 1950
Kommer, Björn R.: Wenn sich alte Türen öffnen ... Lübecker Wohnkultur und Lebensart im 19. Jahrhundert. Lübeck 1985
Kommer, Björn R.: Das Buddenbrookhaus in Lübeck. Geschichte, Bewohner, Bedeutung. Lübeck 1993
Koopmann, Helmut: Thomas Mann: Buddenbrooks. Grundlagen und Gedanken zum Verständnis erzählender Literatur. Frankfurt 1995
Kubitschek, Brigitta: Franziska Gräfin zu Reventlow 1871–1918. Ein Frauenleben im Umbruch – Studien zu einer Biographie. Prien/Chiemsee 1994
Küssner, Martha: Dorothea Schlözer. Göttingen 1976
Lindtke, Gustav: Die Stadt der Buddenbrooks. Lübecker Bürgerkultur im 19. Jahrhundert. Lübeck 1965

Lindtke, Gustav: Travemünde. Das Ostseebad in alter Zeit. Lübeck 1969
Lippe, Helmut von der: Wägen und Wagen. Von der Tradition der Lübecker Kaufmanns-Compagnien. Lübeck 1984
Lübeck. Ein Führer durch die Bau- und Kunstdenkmäler der Hansestadt. Text von A.B. Enns. Unter Mitarbeit von Heiner Stiebeling. 11. Aufl. Lübeck 1984
Lübeck kennen und lieben. Spaziergänge für Freunde und Gäste der alten Hansestadt. Von Heinz Schwengsfeger und Wilhelm Stier. Lübeck 1968
Lübeck – so wie es war. Düsseldorf 1973
Luchmann, Fritz: Beieinanderseyn ist das tägliche Brod der Liebe. Briefe C.A. Overbecks an seine Familie aus St. Petersburg 1804 und Paris 1807–1811. Lübeck 1992
Mann, Julia: Ich spreche so gern mit meinen Kindern. Erinnerungen, Skizzen, Briefwechsel mit Heinrich Mann. Hrsg. von Rosemarie Eggert. Berlin und Weimar 1991
Mendelssohn, Peter de: Der Zauberer. Das Leben des deutschen Schriftstellers Thomas Mann. Erster Teil 1875–1918. Frankfurt 1975
Nationalsozialismus in Lübeck 1933–1945. Eine Dokumentation zur Ausstellung im Lübecker St. Annen-Museum vom 30. Januar bis zum 4. April 1983. Lübeck 1985
Paatz, Walter: Bernt Notke. Wien 1944
Paul, Albert Otto: [Führer durch Lübeck] Leipzig 1910
Plastik in Lübeck. Dokumentation der Kunst im öffentlichen Raum (1436–1985) von Klaus Bernhard. Lübeck 1986
Praktischer Fremdenführer durch Lübeck und dessen Umgebung. Lübeck o.J. [1864]
Schadendorf, Wulf: Das Holstentor. Symbol der Stadt. Gestalt, Geschichte und Herkunft des Lübecker Tores. Lübeck und Hamburg o.J.
Schönfeld, Sybil Gräfin: Bei Thomas Mann zu Tisch. Tafelfreuden im Lübecker Buddenbrookhaus. Zürich-Hamburg 1995
Stahl, Wilhelm: Dietrich Buxtehude. Kassel o.J.
Tschechne, Wolfgang: Lübeck und seine Künstler. Die Geschichte einer schwierigen Liebe. Lübeck 1987
Tschechne, Wolfgang: Thomas Manns Lübeck. Hamburg 1991
Ulrich, O.: Charles de Villers. Sein Leben und seine Schriften. Leipzig 1899
Voeltzer, Friedrich: Lübecks Wirtschaftslage unter dem Druck der Kontinentalsperre. Lübeck 1925

Vogt, Jochen: Thomas Mann »Buddenbrooks«. München 1983
Von der berühmten, gelehrten, schönen und trefflichen Dorothea Schlözer. Doctor der Philosophie verehelichte von Rodde in Lübeck. Eine Sammlung von Bildern und historischen Texten von Lieselotte J. Eberhard. Lübeck 1995
Winekenstädde, Elke: Stadtbilder in literarischen Reisebriefen von Garlieb Merkel. Briefe über Hamburg und Lübeck. Frankfurt 1993
Wißkirchen, Hans: Das Buddenbrookhaus. Perspektiven für einen symbolischen Ort. In: Der Wagen. Ein Lübeckisches Jahrbuch. Lübeck 1992, S. 38–43
Wysling, Hans und Schmidlin, Yvonne (Hrsg.): Thomas Mann. Ein Leben in Bildern. Zürich 1994

Bildnachweis/Bildquellen

Berglar, Peter: Wilhelm von Humboldt. Reinbek b. Hamburg: Rowohlt Taschenbuchverlag 1970 S. 7 oben – Brandt, A. von: Geist des Mittelalters (Merian 2, 1948, S. 14 ff.) S. 74, 75 – Dräger, Hartwig (Hg.): Buddenbrooks. Dichtung und Wirklichkeit. Bilddokumente. Lübeck: Drägerdruck 1993 S. 21, 25, 26, 27, 60, 61, 62, 64, 71, 82, 83 oben, 94, 108 unten, 113, 126, 136 – Fasold, Regina: Theodor Storm. Leipzig: Bibliographisches Institut 1990 S. 65 oben – Wolfgang Franz/Jens Rheinländer, Hamburg Vorderer Vorsatz, S. 109, Hinterer Vorsatz – Gläser, Manfred, Nikolov, Russalka, und Wilde, Lutz: Das Burgkloster zu Lübeck. Lübeck: Charles Coleman Verlag 1992 S. 112 – Gerstner, Hermann: Brüder Grimm. Reinbek b. Hamburg: Rowohlt Taschenbuch Verlag 1973 S. 84 – N. Luise Hackelsberger, Ebenhausen S. 65 unten – Heinrich-Mann-Archiv, Berlin S. 35, 120 unten – Heinrich-und-Thomas-Mann-Zentrum, Lübeck Frontispitz, S. 14, 18, 19, 22, 23, 28, 30/31, 34, 37, 41, 42, 43, 45, 49, 50, 51, 66, 67, 69, 77, 83 unten, 86 unten, 87, 91, 101, 110, 114 f., 122 f., 134, 138,145 – Langen-Müller/Herbig Verlagsgruppe, München S. 78 – Lindtke, Gustav: Die Stadt der Buddenbrooks. Lübecker Bürgerkultur im 19. Jahrhundert. Lübeck: Verlag Max Schmidt-Römhild 1981 S. 99, 116/117, 121, 142, 143 – Ders.: Carl Friedrich von Rumohr (Der Wagen 1952–1953, S. 89 ff.) S. 90 – Museum für Kunst- und Kulturgeschichte der Hansestadt Lübeck. S. 8/9, 39, 44, 47, 52 oben, 52 unten, 53, 54, 55, 57, 68, 73, 80/81, 85, 86 oben, 89, 92, 93, 98, 103, 104, 105, 106/107, 127, 129, 130/131, 137, 139 – Nielsen, Erling: Hans Christian Andersen. Reinbek b. Hamburg: Rowohlt Taschenbuchverlag 1958 S. 8 oben – Nürnberger, Helmuth: Theodor Fontane. Reinbek b. Hamburg: Rowohlt Taschenbuch Verlag 1988 S. 8 unten – Raeburn, Michael, und Kendall, Alan: Geschichte der Musik. Band I. München: Kindler/Schott 1993 S. 76 – Schoeller, Wilfried F.: Heinrich Mann. Bilder und Dokumente. München: edition spangenberg 1991 S. 36, 88 – Klaus v. Sobbe, Lübeck S. 32, 56, 58, 63, 111, 124 f. – Stöcklein, Paul: Joseph von Eichendorff. Reinbek b. Hamburg: Rowohlt Taschenbuch Verlag 1963 S. 7 unten – Wagenbach, Klaus: Franz Kafka. Bilder aus seinem Leben. Berlin: Verlag Klaus Wagenbach 1985 S. 108 oben – Wysling, Hans, und Schmidlin, Yvonne: Thomas Mann. Ein Leben in Bildern. Zürich: Artemis 1994 S. 6, 120, 133, 140/141

Wir danken allen Rechteinhabern. In einigen Fällen ist es nicht gelungen, die heutigen Rechteinhaber zu ermitteln. Wir bitten diese, sich mit dem Verlag in Verbindung zu setzen.

Danksagung

Ohne Unterstützung von außen kann ein so faktenreiches Buch nicht geschrieben werden. Mein Dank geht zuerst und vor allem an Klaus F. v. Sobbe. Seine Spaziergänge im Rahmen der Arbeit des Buddenbrookhauses haben die Voraussetzung für die beschriebenen Wege geschaffen. Darüber hinaus ist sein profundes Wissen über Lübeck in das Buch eingeflossen. Die Ausführungen über die Geschichte und Architektur des Buddenbrookhauses verdanken sich den Forschungen von Björn R. Kommer. Bei der Bildbeschaffung haben das Museum für Kunst- und Kulturgeschichte der Hansestadt Lübeck sowie die Mitarbeiterinnen des Heinrich-und-Thomas-Mann-Zentrums geholfen. Auch dafür sei Dank.
Lübeck, im Februar 1996 H. W.

Biographische Notiz

Hans Wißkirchen, geb. 1955 in Düsseldorf. 1975–1985 Studium der Germanistik und Philosophie in Marburg. 1985 Promotion über Thomas Manns Romane *Der Zauberberg* und *Doktor Faustus*. 1986–1991 Mitarbeit an Forschungsprojekten über Georg Büchner und den deutschen Vormärz an der Universität Marburg. Seit 1993 Leiter des Heinrich-und-Thomas-Mann-Zetrums im Buddenbrookhaus der Hansestadt Lübeck. Zahlreiche Veröffentlichungen zu den Brüdern Mann.

Klaus F. v. Sobbe, geb. 1942 in Berlin. Verlagsbuchhändler, Werbeleiter in Frankfurt; Studium der Betriebswirtschaft Touristik. Lebt heute in Lübeck. Freier Mitarbeiter des Heinrich-und-Thomas-Mann-Zentrums; macht Führungen durch die Hansestadt.

Personenregister

Halbfette Ziffern verweisen auf Fotos oder Abbildungen

Abendroth, Hermann 48
Andersen, Hans Christian 8, **8**

Bach, Johann Sebastian 75
Barlach, Ernst 62 f., **63**
Bauer, Felice 10
Bildemann & Deeke 28
Behn, Fritz 103
Behrens, Heinrich 139
Benn, Gottfried 19
Bergengruen, Werner 64 f., **65**
Bernadotte, Folke 123
Bernadotte, Jean Baptiste 117
Bertram, Ernst 75
Beuermann, Eduard 10
Blücher, Gebhard Lebrecht 117
Bousset, Therese 87
Boy, Carl Johann 113, **114**
Boy-Ed, Ida 16, 112ff., **114**, **114/115**
Bugenhagen, Johannes 64
Buxtehude, Anna Margaretha 75
Buxtehude, Dietrich 16, 75 f., **76**

Carl XIV. Johan von Schweden 117 f.
Carolsfeld, Julius Schnorr von 96
Cornelius, Peter von 96
Croll, Johann Michael 22
Croll, Johannes (Sohn) 22
Curtius, Carl Georg 52
Curtius, Carl Dr. 64

da Silva-Bruhns, Julia 27, 33
Distler, Hugo 16, 56 f., **56**
Dohnány, Christoph von 48
Dostojewski, Fjodor Michailowitsch 132
Dräger, Heinrich 60
Dülfer, Martin 46
Düren, Statius von 85

Ebert, Friedrich 116
Eichendorff, Joseph Freiherr von 7, **7**, 134 f., 142
Eschenburg, Johann Dr. 121
Ewers, Ludwig 59

Fehling, Emanuel 78
Fehling, Familie 96
Fehling, Ferdinand Dr. 124 f.
Fichte, Johann Gottlieb 52

Fontane, Theodor 8, 9 f.
Friedrich I., »Barbarossa« 132
Friedrich II., Stauferkaiser 46
Friedrich Wilhelm IV. von Preußen 90
Furtwängler, Wilhelm 48

Geibel, Emanuel 16, 52, 58 ff., 60, 64, 121, 124 f.
Geibel, Marie 124
Geibel, Johannes 52, 61, 90
George, Stefan 79
Gerhäuser, Emil 47
Goethe, Johann Wolfgang von 5, 52, 90
Gogol, Nikolai Wassiljewitsch 132
Grabner, Hermann 56
Grimm, Jacob 84, **84**
Grube, Johannes 132
Grünewald, Matthias 74
Grusnick, Bruno 56
Gütschow, Anton Dietrich 52
Gutzkow, Karl 10

Haag, Elisabeth, gesch. Elfeld, geb. Mann (»Tony«) 122
Händel, Georg Friedrich 76
Hagenström (Fa.) Sandstraße 96
Hahn & Co., G.C., Aegidienstraße 86
Hansen, C.F. 124
Hart, Heinrich und Julius H. 70
Hasse, Petrus 75
Hille, Peter 70
Himmler, Heinrich 123
Hempel, Gottlieb 87
Heise, Carl Georg 62 f.
Herder, Johann Gottfried von 54
Högner, Friedrich 56
Hoffmann von Fallersleben 118
Horny, Franz 90
Humboldt, Wilhelm von 7, **7**, 89 f.
Hutterock, Hermann 74

Jakobi, Friedrich Heinrich 52

Kafka, Franz 10 f., 108, **108**
Kant, Immanuel 54
Klages, Ludwig 78
Kühl, Axel Werner 56 f.

Landauer, Gustav 70
Luckner, Felix Graf zu 55
Ludwig I. von Bayern 90
Lüders, Günter 62
Luther, Martin 64

Mahlau, Alfred 75
Mann, Carla 34

Mann, Elisabeth, geb. Marty 22, **23**, 27 f.,
Mann, Familie 19, 22, 46, 48, **50**, **51**, 64, 87, 125
Mann, Heinrich 5, 6, 11 ff., 20, 33 ff., **36**, **42**, **48**, 55, 59, 64, 79, 87, 110, 119, 123, 127, 137
Mann, Johann Siegmund d.Ä. 86, **86**, 92
Mann, Johann Siegmund d.J. 22, 25, 27, 90, 91
Mann, Thomas 5, 6, 10, 11 ff., 19 ff., 28 f., 33 ff., 44 ff., 48, 58, **66**, 67, **67**, 75, 77, 78 ff., 85, 87, 101, **101**, 113 ff., **114/115**, 117, 133, **138**, **145**
Mann, Thomas Johann Heinrich (Vater) 11 ff., 27 f., 33, **43**, 61 ff., 90
Mann, Heinrich und Tomas 5, 6, 11, **14**, 22, 27, 33, 35, **45**, 59, 63, 77, 107, 118
Mann, Julia **43**, 119
Marcks, Gerhard 62
Martens, Armin 66, 67, 101, **101**
Martienssen, Adolf 56
Marty, Johann Heinrich 121, 123
Marty, Catharina Elisabeth, geb. Croll 121, 123
Maximilian II. von Bayern 58
Milde, Carl Julius 90
Mühsam, Erich 16, 64, 68 ff., **69**, 102, 116

Nerly (Nehrlich), Friedrich 90
Nietzsche, Friedrich 12
Notke, Bernd 16, 74 f., **74**, 75

Overbeck, Christian Adolf 52, 94
Overbeck, Johann Friedrich 16, 90, 94 f., **95**

Papst Leo XII. 90
Perugino 94
Peroux, Joseph Nicolaus 94
Pforr, Franz 94, 96

Quadflieg, Will 48

Raffael 94
Radbruch, Gustav 64, 116 f.
Ramin, Günter 56
Ranke, Leopold Friedrich 77
Rauch, Christian Daniel 92
Reventlow, Franziska Gräfin zu 16, 78 f., **78**
Riemenschneider, Tilmann 74
Rodde, Matthäus 51 f., **54**, 60, 117
Rodde, Peter Hinrich 46
Rumohr, Carl Friedrich von 89 f., **90**, 94

Schadow, Wilhelm von 96
Scheerbart, Paul 70
Schieferdecker, Johann Christian 75

Schiffhuber-Hartl, Nina 96
Schlözer, August Ludwig von 51
Schlözer, Dorothea 51 ff., **53**, **124**
Schopenhauer, Arthur 12
Schütz, Heinrich 75
Spiegel, Wilhelm Anton 44
Staël, Madame de 52
Stolberg-Stolberg, Christian und Leopold Reichsgrafen zu 52
Storm, Theodor 16, 64
Stoß, Veit 74
Stresemann, Gustav 116
Suhl, Ludwig 59
Suhrkamp, Peter 78

Tesdorpf, Krafft 108 f., **108**
Tesdorpf, Peter Hinrich 60
Torelli, Stefano 82
Tunder, Franz 75
Treitschke, Heinrich von 84
Trummer, Ludwig Adolf 77
Turgenjew, Iwan Sergejewitsch 132
Villers, Charles de 52, 54
Voß, Johann Heinrich 52, 82

Wagner, Richard 47, 132 f., **133**
Wedekind, Frank 70
Weizsäcker, Richard von 33
Wilhelm I. von Preußen 58
Wilhelm II., Kaiser 132
Willkomm, Ernst 10
Winckelmann, Johann Joachim 89
Wirth, Joseph 116
Wolfskehl, Karl 79

Zola, Émile 34

Orts- und Sachregister

Halbfette Ziffern verweisen auf Fotos oder Abbildungen

Aalsgaard 101
Aegidienstraße **86**
Alfstraße 108
Allgemeines Deutsches Sängerfest 118
Am Gertrudenkirchhof 120
An der Untertrave 105, **106/107**, 108 ff.,
Apotheke am Lindenplatz 68, 101/102
Audienzsaal 82, **83**

Bahnhof 101, 103, **104**
Beckergrube 23, 28, 46, 48, 49, 51, 109
Behnhaus 60, **61**,
Berlin 33, 113, 125
Bismarck, Otto von 101
»Blauer Engel« (Mühlenstraße 44) 87
Breite Straße **39**, 41 ff., **41**, **44**, 51 ff., **52**, 79, 117, 128
Bremen 62
Buddenbrook-Buchhandlung 28
Buddenbrookhaus 15, **18**, 19 ff., 23, **23**, 24 f., 27 ff., **37**, 46, 70, 73, 97, 110, 128
Büchen 103
Bürgerschaft 27, 61
»Burgfeld« 116 ff., **116/117**, 125
»Burgkloster« 112, **112**
Burgtor 113 ff., 125, **113**
Burgtorfriedhof 124 f.

Café Central 127, **127**
Café Niederegger 84
Casa Bartholdy, Rom 96
Coventry 77 f.

Dorotheenstädtischer Friedhof, Berlin 125
Drägerhaus 60, 94
Dresden 33, 119
Dr.-Julius-Leber-Straße **68**
Elbe-Lübeck-Kanal 97
Ellerbrook 109
Emanuel Geibel-Denkmal **58**
Engelsgrube **55**, 110
Eschenburgstraße 121, **121**
Exil 35 f.

Fischergrube 48, 54 f., 109
Frankreich 36
»Frühlingssturm« (Schülerzeitung) 67
Germanistenkeller 83 f.

Gesellschaft zur Beförderung gemeinnütziger Tätigkeit 59 f., 68, 84
Glockengießerstraße 62, 127
Große Altefähre 111
Große Burgstraße 112 f., 125, 127
Große Gröpelgrube 128
Große Petersgrube 112
Gustav-Radbruch-Platz 116 ff., **116/117**, 125

Hafen 107
Heiligen-Geist-Hospital 57, **57**, 125, 128
Heinrich-und-Thomas-Mann-Zentrum 15, 29, 33 ff.
Holstentor 13, 92, 98, 103 ff., **105**
Hotel Kaiserhof 108
Hotel »Stadt Hamburg« **93**
Hüxstraße 85
Hüxterdamm 13

Israelsdorfer Allee 125, 130

Jerusalemsberg 120, 125

Kaisersaschern 101
Kaiserstraße 125 f., **126**
Kanzleigebäude 73, **73**, 128
Kapitelstraße/Ecke Pferdemarkt 89
Katasteramt 28
Katharineum 13, 33, 64 ff., **64**
Kilchberg 125
Kirchen
  St. Jakobi 51, **55** ff.
  St. Katharinen 62 ff.
  St. Marien 29, 73 ff., **94**, 103
  St. Petri 104
Klingenberg 92 f.
Kloster San Isidoro 94
Klosterstraße 87
Koberg 57 f., 125, 128
Königstraße 13, **61**, 67, 85 ff.

»Landschaftszimmer« 25
Leipzig, Völkerschlacht bei 125
Lindenplatz 98, 101 f.
Löwenapotheke **68**
»Lübecker Abendmusiken« 76
Lübeckische Staatslotterie 28

Markt 79 ff., **80/81**
Maria-Magdalenen-Kloster 112, **112**
Marstallgefängnis 116, 125
Marzipan 84 f., 104
Mengstraße 29, **30/31**, 32, 33, 73, 109, 128
»Mühlenbrink Numero 7« 87
Mühlenbrücke 13

Mühlenstraße 87, 89, 97
München 33, 101
Musik- und Kongreßhalle 105

Oranienburg 70

Palmsonntag 1942 (28./29. März) 29, 77
Pferdemarkt 92 f., **92**
Possehlstraße 103
Puppenbrücke 103

Rathaus 73, 79 f. 80/81, 82
Reformierte Kirche 60, **62**, 84
Renaissancetreppe 82, **82**
Roeckstraße 118 f., 120
Rostock 86

Salzspeicher 104
Sandstraße 94, **94**, 96
Schabbelhaus 109
Schiffergesellschaft 55
Schildstraße 89
Schlacht vor dem Burgtor 117
Schweiz 36
Speicher 107
Speicher der Familie Mann:
   Der Adler 111
   Die Eiche 110, **110**, 111
   Der Elefant 109
   Die Linde 111
   Der Löwe 109
   Der Walfisch 110 f., **111**
Stadttheater 33, 46 f, **47**, 125
Stadttrave 97
Stellwagen-Orgel (St. Jakobi) 56

Tivoli 125 ff., **126**
»Totentanzorgel« 96
Trave 105, 132, 135, 140
Travemünde 15, 129–145
   Brodtener Steilufer 143
   Dassower See 132
   Herrenfähre 130
   Konditorei 137, 139, **139**
   Kurgarten 137, 141
   Kurhaus-Hotel/Kursaal 136 ff., 140
   Leuchtenfeld 135 f.
   Leuchtturm 135 f., **136**
   Logierhaus 137
   Mecklenburg 132, 141
   Möwenstein 144
   Musiktempel 137, 140, **140/141**
   Pötenitzer Wiek 132
   Priwall und Fähre 141
   Schweizer Häuser 137, 139, **139**

Seepromenade 134, 141
Seetempel 143 f., **143**
Skandinavienkai 131, **130/131**
Strand mit alten Badekarren **142**
Strand mit Promenade 142 f.
Vorderreihe 140 f.
Travemünder Allee 118, 120

Verein für Lübeckische Geschichte und
   Altertumskunde 84
Villa Massimo, Rom 96
Volksbank 28
Vorstadt St. Gertrud 118

Wahmstraße 85 f.
Wallanlangen 97, 98
Weinhandelshaus C. Tesdorpf 108 f., **109**
Wilhelm I. 101

Werkregister

Es werden nur Werke von Heinrich und Thomas Mann aufgeführt.

Heinrich Mann
Die Göttinnen 34
Empfang bei der Welt 20 f.
Eugenie oder Die Bürgerzeit 123
Herr Gewert 44
Im Schlaraffenland 34
Die Jagd nach Liebe 34
Die Jugend und die Vollendung des Königs Henri Quatre 36
Die kleine Stadt 34
Der Kopf 34
Der Maskenball 48
Professor Unrat oder Das Ende eines Tyrannen 5, 13, 34 f., 55, 59, 64, 79, 87, 110, 118, 127, 137, 139
Der Untertan 34

Thomas Mann
Der Bajazzo 101
Betrachtungen eines Unpolitischen 34
Buddenbrooks 5, 12, 19 f., 22, 24 f., 29, 34, 41, 44, 46, 48, 55, 61 f., 66 f., 73, 76f., 79, 92, 101, 103, 107, 108 f., 110, 119–123, 125, 130 ff., 136 f., 139–145
Doktor Faustus 46, 60, 101
Der Kleiderschrank 101
Der kleine Herr Friedemann 101
Joseph und seine Brüder 12, 36
Königliche Hoheit 12, 34,
Lotte in Weimar 36
Lübeck als geistige Lebensform 13, 46, 133,
Der Zauberberg 12, 34f.
Tonio Kröger 28, 34, 67, 80, 92, 97f., 101, 104
Wie Jappe und Do Escobar sich prügelten 135

Sybil Gräfin Schönfeldt
Bei Thomas Mann zu Tisch
Tafelfreuden im Lübecker Buddenbrookhaus
Fotos von Wolfgang Franz und Jens Rheinländer
176 Seiten. Gebunden
83 farbige und 113 schwarzweiß Fotos

Was aß Tony Buddenbrook zum Frühstück, und was gab es beim Familienessen der Buddenbrooks jeden zweiten Donnerstag in der Mengstraße als Dessert? Was kostete ein Buddenbrooksches Diner, und wie wird der berühmte Plettenpudding gekocht?
Sybil Gräfin Schönfeldt, vielfach ausgezeichnete Kochbuchautorin, entführt uns mit kundigem Blick in eine vergangene Zeit. Sie hat die Rezepte aus Thomas Manns berühmtem Roman *Buddenbrooks* zusammengestellt, beschrieben und getestet. Ein Bilder-Lese-Buch über die bürgerlichen Tafelfreuden und Eßgewohnheiten, die Speisefolge und Sparsamkeit im vorigen Jahrhundert. Ein farbenprächtiges literarisches Kochbuch und ein Fest der Sinne.
»Man kann sich bei der Lektüre amüsieren, anregen lassen oder sich einfach nur an den Fotos erfreuen. Ob man nun nachkocht und nachschmeckt oder es beim lesenden und schauenden Genuß bewenden läßt, ein Fest der Sinne ist das Buch allemal.« Doris Maurer, Deutsche Welle

Biographien & Porträts
Eine Auswahl

Jürg Amann
Robert Walser
Eine literarische Biographie
in Texten und Bildern
176 Seiten. 96 Fotos und Faks.
Gebunden

Hans Bolliger, Guido Magnaguagno
und Raimund Meyer
DADA in Zürich
312 Seiten. 20 Farbtafeln.
240 schwarzweiß Abb. und Faks.
Gebunden

Will Quadflieg
Ein Leben in Texten und Bildern
Herausgegeben von Jürgen Flimm
208 Seiten. 165 Fotos
Gebunden

Gertrude Stein
Ein Leben in Texten und Bildern
Herausgegeben von Renate Stendahl
228 Seiten. 360 schwarzweiß Abb.
Gebunden

Literarisch reisen ...

Noël Riley Fitch
Die literarischen Cafés von Paris
Aus dem Amerikanischen von Katharina Förs
und Gerlinde Schermer-Rauwolf
91 Seiten. 45 Abbildungen. 5 Karten
Broschur

Anna Gruber/Bettina Schäfer
Spaziergänge über den Père Lachaise in Paris
166 Seiten. 134 Abbildungen. 4 Karten
Broschur

Mary Ellen Jordan Haight
Spaziergänge durch Gertrude Steins Paris
Aus dem Amerikanischen von Karin Polz
163 Seiten. 115 Abbildungen. 5 Karten
Broschur.

Paul Raabe
Spaziergänge durch Goethes Weimar
188 Seiten. 154 Abbildungen. 5 Karten
Broschur.
Aktualisierte Neuausgabe

Paul Raabe
Spaziergänge durch Nietzsches Sils-Maria
159 Seiten. 119 Abbildungen. 6 Karten
Broschur

Cornelius Schnauber
Spaziergänge durch das Hollywood der Emigranten
168 Seiten. 120 Abbildungen. 5 Karten
Broschur

Heinke Wunderlich
Spaziergänge an der Côte d'Azur der Literaten
192 Seiten. 108 Abbildungen. 9 Karten
Broschur